Das andere BERLIN

TOP 10 in Berlin

1. Museumsinsel mit Humboldt Forum (S. 108)
2. City West mit Bummel über den Ku'damm (S. 134)
3. Besuch im Jüdischen Museum (S. 140)
4. Fernsehturm und Alexanderplatz (S. 119)
5. Futuristische Architektur am Potsdamer Platz (S. 113)
6. Besuch im Regierungsviertel mit Reichstag (S. 116)
7. Pariser Platz mit Selfie vor dem Brandenburger Tor (S. 117)
8. Bummel durchs Scheunenviertel zum Hackeschen Markt (S. 122)
9. Architektur und Kunst in der Neuen Nationalgalerie (S. 114)
10. Spaziergang durch den Prenzlauer Berg (S. 124)

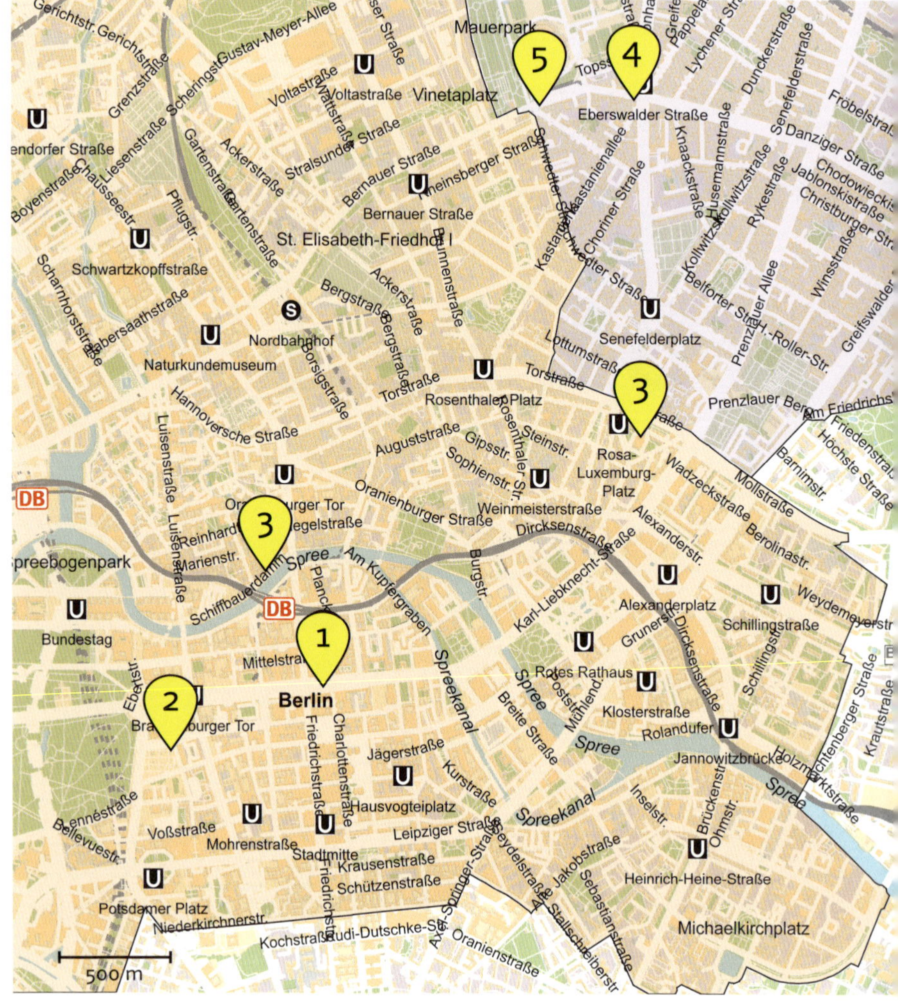

TOP 5 in Mitte und Prenzlauer Berg

1. Flanieren über den Boulevard Unter den Linden (S. 107)
2. Am Holocaust-Denkmal der ermordeten Juden gedenken (S. 117)
3. Besuch einer der großen Theaterbühnen in Mitte (S. 159)
4. Currywurst bei Konnopkes Imbiss (S. 45)
5. Schnäppchenjagd auf dem Flohmarkt am Mauerpark (S. 139)

TOP 5 in Friedrichshain

1. Zuckerbäcker-Architektur auf der Karl-Marx-Allee (S. 127)
2. Stöbern auf dem Flohmarkt am Boxhagener Platz (S. 139)
3. Kneipentour von der Simon-Dach-Str. zum RAW-Gelände (S. 21)
4. Graffiti-Spotting an der East Side Gallery (S. 129)
5. Party im Berghain oder in einem der vielen anderen Klubs (S. 19)

TOP 5 in Kreuzberg

1. Kneipentour durch SO36 und „Kreuzkölln" (S. 24)
2. Spezialitäten aus aller Welt in der Markthalle Neun (S. 59)
3. Rundgang über den türkischen Markt am Maybachufer (S. 131)
4. Die Weite genießen auf dem Tempelhofer Feld (S. 132)
5. Feiern auf dem Karneval der Kulturen (S. 162)

TOP 5 in Berlin City West

1. Schick shoppen im KaDeWe, dem Kaufhaus des Westens (S. 135)
2. Den Weitblick von der Siegessäule genießen (S. 137)
3. Galerien-Hopping an der Potsdamer Straße (S. 149 f.)
4. Streetart aus aller Welt im Urban Nation entdecken (S. 155)
5. Fernöstlich schlemmen im Thaipark (S. 56)

Friedrichshain
Mitte
Konnopke
Bratwurst

Boulette
Salate
Imbiß

Inhalt

Berlin

„Guten Morgen, Berlin / (...) Du bist nicht schön und das weißt du auch / (...) Und ich weiß, ob ich will oder nicht / Dass ich dich zum Atmen brauch."

So singt es der Berliner Musiker Peter Fox.

„Berlin, dein Gesicht hat Sommersprossen / Und dein Mund ist viel zu groß / Dein Silberblick ist unverdrossen / Doch nie sagst du, was mach ich bloß."

So sang es – Jahrzehnte zuvor – die legendäre Schauspielerin und Chansonnette Hildegard Knef.

Fällt euch etwas auf? Berlin ist keine Stadt, die man ganz gerne mag oder vielleicht ganz okay findet. Nein, diese Stadt, die kann man nur lieben!

Denn Berlin ist alles Mögliche, vor allem aber einmalig. Wirklich einzig – und gar nicht artig. Gleichermaßen lässige wie moderne Metropole für eine junge und frische Szene aus aller Welt und hipper Hotspot mit Herz und Schnauze.

Der deutsche Sänger Herbert Grönemeyer formuliert seine Vorliebe für Berlin übrigens noch gewagter: „Ich fühle mich hier ein bisschen wie in Südfrankreich. Ich habe immer das Gefühl, ich müsste gleich an den Strand gehen.“ Na ja, er scheint den Winter in Berlin nicht zu kennen. Die Berliner Stadtstrände allerdings, die sind wirklich grandios.

Niederschlagsangaben aus dem mitunter nasskalten und oft nassforschen Berlin werdet ihr in diesem Buch nicht finden. Dafür aber viele Informationen und Tipps für eine der großartigsten Städte im bekannten Universum. Rau und widersprüchlich wie das Leben. Vor allem aber weltoffen, aufregend und lebensfroh. Die schrecklich schöne Stadt an der Spree.

Für uns bei der Deutschen Welle ist Berlin nicht nur Hauptstadt, sondern auch einer unserer beiden Hauptstandorte. Schon deshalb haben wir nicht lange gezögert, uns an diesem famosen Buchprojekt zu beteiligen. Wie gut, dass es den Becker Joest Volk Verlag gibt, dem ihr dieses vortreffliche Druckerzeugnis verdankt!

Nicht zuletzt aber sind wir bei diesem Projekt dabei, weil wir Berlin einfach gut finden. Ganz besonders das andere Berlin.

Das besondere Berlin auf den zweiten Blick, die wunderbare Weltstadt der verborgenen Qualitäten, die magische Metropole der geheimnisvollen Orte.

Und damit war es kein weiter Weg zu den spannenden Themen für dieses Buch und auch das eine oder andere Video: Nightlife, Kulinarik, Architektur, Kunst und Kultur, Queer Life und natürlich die Hotspots für alle Reisenden.

Alles, was man wissen will und wissen sollte, präsentiert von einem jungen Weltbürger: Content Creator Kai Steinecke. Er hat nicht nur die halbe Welt bereist, sondern kennt in seiner Stadt Berlin wirklich jeden schicken Schleichweg, wunderbaren Wasserweg, unterschätzten Umweg oder auch angesagten Abweg.

Das alles bietet dieses Buch und dazu gibt es, wie immer in Berlin, das gewisse Extra. In diesem Fall sind das Videos zum

Thema. Die QR-Codes, die immer wieder im Buch auftauchen, führen direkt zum Anschauungsmaterial in bewegten und hoffentlich bewegenden Bildern. Produziert, ausgewählt und präsentiert werden die Clips von der Reiseredaktion der Deutschen Welle (DW Travel). Auf den Social-Media-Kanälen von DW Travel finden sich viele weitere Videos.

Bilder und Geschichten aus dem mitunter lauten und auch vorlauten Berlin. Mal großspurig, mal großzügig, aber immer einfach großartig.

Ich wünsche viel Freude und noch mehr Inspirationen. Mit diesem Buch. Und in Berlin.

Rolf Rische
Director Culture and Documentaries,
Deutsche Welle

Berliner Nächte sind lang

NOCH KEINE BLEIBE GEFUNDEN?
Kein Problem! In Berlin könnt ihr durchmachen.

Das Nachtleben in Berlin ist berühmt-berüchtigt. Wer Lust hat, kann hier an jedem Wochenende von Freitag bis Montag durchfeiern. Man muss nur herausfinden, wo gerade die beste Party im Gange ist. Doch nicht nur Techno- und House-Jünger werden an der Spree glücklich. Die Barszene ist exzellent und es kommen ständig neue Kneipen-Hotspots hinzu. Und viele kleine Konzert-Locations sorgen für die nötige Abwechslung im musikalischen Berlin.

Hier steppt der Bär

Seit den 1990er-Jahren ist die Klubkultur ein Aushängeschild Berlins. Jährlich lockt sie Tausende in die Hauptstadt.

Nach dem Mauerfall herrschte Aufbruchstimmung im Berliner Nachtleben. Überall standen alte Fabrikhallen, Kellergewölbe und heruntergekommene Häuser leer – perfekt für spontane Partys und improvisierte Klubs. Und bald waren viele verrückt nach einem Sound: Techno. In den ersten Jahren nach der Wende legten Klubs wie Tresor, E-Werk und Bunker die Grundsteine für eine Szene, die bis heute weltweit ihresgleichen sucht. Kurz vor der Corona-Pandemie lockten Locations wie das Berghain rund ein Viertel der Reisenden der Hauptstadt an. Sie sorgten damit für etwa 1,4 Milliarden Euro mehr Umsatz im Hotel- und Gastrogewerbe. Billigflieger machten es möglich – und ließen einen regelrechten Wochenend-Partytourismus entstehen.

← In Berlin feiert man gern. Überall in der Stadt gibt es fantastische Locations, Konzerte und DJ-Tanzpartys.

PARTY – DAS GANZE WOCHENENDE

Doch mit der enormen Anziehungskraft Berlins sahen sich die Klubs einem zuvor nicht gekannten Problem gegenüber. Berlin als Ort zum Wohnen und Leben wurde beliebter, doch nicht jeder wollte einen wummernden Technoschuppen in seiner Nachbarschaft wissen. Wohnungen wurden rar und auch der bisher in Berlin gewohnte hedonistische Freiraum wurde knapper. Viele Klubs der ersten Stunde mussten schließen – oder umziehen. Heute hat sich die Party aus den ehemaligen Szenezentren Mitte und Prenzlauer Berg mehr oder weniger verabschiedet. Andere Bezirke wie Friedrichshain oder Kreuzberg geben nun den Takt vor. Immer mehr Klubs zieht es auch in die nähere Peripherie. Die Klubszene erfindet sich ständig neu. Auch Corona konnte den Partyzug nicht aufhalten. Heute rollt er ungebremst weiter. Wie zuvor sind 20 bis 30 Prozent der Klubgäste Touris, die Berlins Nachtleben in die Stadt gelockt hat.

Im „Technotempel" **Berghain** legen regelmäßig weltweit bekannte DJs tanzbaren Techno, House und Elektro auf.

FEIERN BIS ZUM MORGENGRAUEN

Neben dem Technotempel **Tresor** (siehe Kasten) gibt es in der Stadt eine unüberschaubare Zahl an Klubs und Partylocations, von denen viele so schnell wieder verschwinden, wie sie auf der Bildfläche aufgetaucht sind. Zu den wichtigsten Konstanten im Berliner Partydschungel gehört auf jeden Fall das **Berghain.** Den weltbekannten Technoklub gibt es schon seit 2004.

Tresor
Köpenicker Str. 70,
U-Bhf. Heinrich-Heine-Straße

Berghain
Am Wriezener Bahnhof,
S-Bhf. Ostbahnhof

INFO NIGHTLIFE

Talentschmiede und Techno-Urgestein

Zu den ersten Technoklubs, die das Nachtleben der 1990er-Jahre mitgeprägt haben, zählt der Tresor, ursprünglich im Tresorkellergeschoss eines ehemaligen Kaufhauses in der Leipziger Straße, heute in einem Teil des Heizkraftwerks Mitte zu Hause. Mit dem hauseigenen Label gehörte der Klub zu den Innovatoren der Szene und bereitete den Weg für viele DJs und Musiker, vor allem aus den USA. Der Tresor feierte 2021 30-jähriges Bestehen. Und ein Ende ist nicht in Sicht. Nach wie vor wird jedes Wochenende der Strobo angeworfen.

Von Anfang an ist er ein absolutes Must-be unter Klubgängerinnen und -gängern. Jedes Wochenende bilden sich lange Schlangen vor dem Eingang – und nicht jede oder jeder kommt rein. Drinnen wartet ein Dancefloor mit Hightech-Beschallung und die Panoramabar, in der bis Montagvormittag gefeiert werden kann. Nur ein paar Gehminuten entfernt liegt das **Kater Blau**, wo ebenfalls erst montags am Vormittag die letzten Gäste vor die Tür gebeten werden.

Kater Blau
Holzmarktstr. 25,
S-Bhf. Ostbahnhof

Östlich des Berghain geht es für Nachtschwärmer weiter: In der **Wilden Renate** (S. 23), in einem alten unsanierten Mietshaus mit Außenbereich, wird zu House und Techno gefeiert, ebenso wie im **://about blank**, einem alternativen Klubprojekt mit

://about blank
Markgrafendamm 24c,
S-Bhf. Ostkreuz

Utopie Holzmarkt 25

Ganz in der Nähe des **Berghain** – und ebenfalls ein Urgestein der Berliner Partyszene – wartet das **Kater Blau,** ein Klubprojekt der Macher der legendären **Bar 25,** die bis 2010 für ausschweifende Partys bekannt war. Den Betreibern gelang es mit der eigens gegründeten Genossenschaft Holzmarkt 25 eG, das Grundstück um die Bar zu erwerben, um ein Stadtquartier nach ihren Vorstellungen zu kreieren: mit Ateliers, urbaner Landwirtschaft und Veranstaltungsräumen. Jetzt geht die Party im Kater Blau weiter. Der Klub öffnet freitags um Mitternacht und schließt erst Montagvormittag.

RAW-Gelände
Revaler Str. 99,
S- und U-Bhf.
Warschauer Straße

Watergate
Falckensteinstr. 49,
U-Bhf. Schlesisches
Tor

Ritter Butzke
Ritterstr. 26,
U-Bhf. Moritzplatz

Prinz Charles
Ritterstr. 85,
U-Bhf. Moritzplatz

zwei Dancefloors und tollem Garten. Beide Klubs sind wesentlich intimer als das so angesagte Berghain und Garanten für ungezwungenen Spaß ohne Dresscode. Auch auf dem **RAW-Gelände** am S-Bahnhof Warschauer Straße findet ihr angesagte Locations zum Tanzen, etwa das **Cassiopeia,** wo neben Techno auch andere Musikstile bedient werden, und den **Lokschuppen,** einen weiteren Technoklub mit einer langen Tradition.

Auf der anderen Seite der Spree in Kreuzberg warten noch mehr Partylocations, etwa das **Watergate** in einem alten Bürogebäude an der Oberbaumbrücke, wo regelmäßig internationale DJ-Größen für den passenden Sound für die Nacht sorgen, und der **Ritter Butzke** mit Technopartys und anderen Veranstaltungen, die ein breiteres Publikum ansprechen. Ein Neuzugang im Feierzirkus ist das **Zenner** im Treptower Park (S. 32). In dem beliebten Biergarten am Spreeufer finden immer wieder auch Partys und Konzerte statt. Auch die Partyevents im **Prinz Charles** sind beliebt, besonders beim LGBTQ-Publikum.

JENSEITS VON TECHNO UND HOUSE

Doch Berlin kennt mehr als einen Sound: Es gibt sie noch, die klassischen Rock- oder Jazzschuppen, in denen elektronische Musik keinen Zutritt hat – und das nicht zu knapp. Ein liebenswertes Urgestein, das wacker an seinem Faible für Punkrock und Rock festhält, ist das **Wild at Heart,** wo noch heute mehrmals in der Woche Konzerte stattfinden. Beliebt sind auch die Rockabende im **Sage Club** an jedem zweiten Donnerstag und das **Roadrunners Paradise** in Mitte. Fans von Reggae, Hip-Hop und Afro Beats pilgern ins **Yaam,** einer kleinen Welt für sich mit Konzertbühnen, Garten und Streetfood am Ostbahnhof. Strictly Jazz – häufig auf Weltklasseniveau – läuft im **A-Trane, Quasimodo, b-flat** oder im **Donau115.**

Wild at Heart
Wiener Str. 20, U-Bhf. Görlitzer Bahnhof

Sage Club
Köpenicker Str. 76, U-Bhf. Heinrich-Heine-Straße

Roadrunners Paradise
Saarbrücker Str. 24, U-Bhf. Senefelderplatz

Yaam
An der Schillingbrücke 3, S-Bhf. Ostbahnhof

A-Trane
Bleibtreustr. 1, S-Bhf. Savignyplatz

Quasimodo
Kantstr. 12a, U-Bhf. Kurfürstendamm

b-flat
Dircksenstr. 40, S-Bhf. Hackescher Markt

Donau115
Donaustr. 115, U-Bhf. Rathaus Neukölln

Bekannt für Partys am Sonntagnachmittag: **der Club der Visionaere.**

INSIDERTIPP

5 Tanzen abseits der Touri-Pfade

Durchfeiern ist in Berlin kein Problem, denn auch jenseits der großen, megaangesagten Läden wie Watergate und Berghain gibt es tolle Locations.

1 CLUB DER VISIONÄRE

Einer der besten Orte im Sommer – am Kanal zwischen Treptow und Kreuzberg – mit kleinem Dancefloor und viel Open-Air-Atmo.

Am Flutgraben 2, U-Bhf. Görlitzer Bahnhof

2 WILDE RENATE

Ungezwungene Atmosphäre ohne Dresscode: Der Laden brummt regelmäßig von Donnerstag bis Sonntag mit ausgesuchtem Line-up aus der Welt der elektronischen Musik.

Alt-Stralau 70, S-Bhf. Treptower Park

3 BALLHAUS WEDDING

Und jetzt mal ganz was anderes: Das Ballhaus von 1899 wirkt wie aus der Zeit gefallen – echte Berliner Nostalgie. Jeden zweiten Mittwoch könnt ihr hier Tango tanzen. Außerem gibt's Varieté, Berliner Lieder, Tanztee, Rock 'n' Roll und vieles mehr.

Wriezener Str. 6, S-Bhf. Bornholmer Straße

4 BOHNENGOLD

Der perfekte Mix für eine gelungene Partynacht: vorne eine gemütliche Bar und in den hinteren Räumen ein Dancefloor mit DJ-Beschallung bis in den frühen Morgen.

Reichenberger Str. 153, U-Bhf. Kottbusser Tor

5 LOOPHOLE

Intimer, kleiner Undergroundladen für alles Mögliche, von Partys über Konzerte bis Kunstinstallationen. Kreatives Neuköllner Epizentrum.

Boddinstr. 60, U-Bhf. Boddinstraße

DIE BUCKETLIST

Best of (Live-) Musik

Es muss ja nicht immer das Olympiastadion oder die Mercedes-Benz Arena sein. Für denkwürdige Konzerterlebnisse in intimer Atmosphäre bietet Berlin eine ganze Reihe guter Bühnen.

1

ASTRA KULTURHAUS

Innerhalb kürzester Zeit ist dieser Laden auf dem RAW-Gelände zu einer der wichtigsten Konzert- und Eventlocations in Friedrichshain herangewachsen.

Revaler Straße 99, S-Bhf. Warschauer Str.

2

SO36

Das Punk- und New-Wave-Urgestein in der Oranienstraße seit 1978! Partys und wilde Konzerte mitten im Kiez.

Oranienstraße 190, U-Bhf. Görlitzer Bahnhof

3

LIDO

Eventlocation im schönen Wrangelkiez in Kreuzberg: Partys und ausgewachsene Konzerte von Indie bis Pop.

Cuvrystr. 7, U-Bhf. Schlesisches Tor

4

ZITADELLE SPANDAU

Eine der schönsten Open-Air-Bühnen in Berlin: Die Festung von 1594 bietet einen stilvollen Rahmen für unvergessliche Konzerterlebnisse.

Am Juliusturm 87, U-Bhf. Altstadt Spandau

5

KANTINE AM BERGHAIN

Einmal ins Berghain ohne Türsteherstress? In der Kantine am Berghain finden immer tolle Konzerte statt, ohne Genre-Grenzen.

Am Wriezener Bhf., S-Bhf. Ostbahnhof

6

PRIVATCLUB

Intime Konzerte in einem kleinen gemütlichen Klub, ganz in der Nähe der Kneipen-Hotspots in Kreuzberg.

Skalitzer Str. 85–86, U-Bhf. Schlesisches Tor

Lido
BOLD
AS FUCK
BERLIN PRIDE
mastercard
3

SO36
Dykes forever!
KUMBIA QUEERS
2

4

Kneipentour durch die Kieze

Vor dem Klub noch einen Drink zum Aufwärmen? Berlin hat weit mehr als nur ein Ausgehviertel zu bieten.

Wer in Berlin einfach nur ein paar Kneipen besuchen oder die Partynacht in einer Bar einläuten möchte, hat jede Menge Gelegenheiten dazu. Überall in der Stadt verteilt finden sich kleinere und größere Ausgehviertel, die erst abends ihr wahres Gesicht zeigen. An lauen Sommernächten mutieren manche Kieze in Berlin zu riesigen Ausgehmeilen, die zum ausgedehnten Kneipenhopping einladen.

In Berlin werden die Bürgersteige nicht so schnell hochgeklappt. Hier kann man feiern bis zum Morgengrauen.

FRIEDRICHSHAIN UND KREUZKÖLLN

Die Nachbarschaft ist tendenziell genervt, wenn sich am Wochenende die **Simon-**

Blechbilderbar
Simon-Dach-Straße 35,
S- und U-Bhf.
Warschauer Straße

Feuermelder
Krossener Str. 24,
U-Bhf. Samariterstraße

Paule's-Metall-Eck
Krossener Str. 15,
U-Bhf. Samariterstraße

Franken-Bar
Oranienstraße 19a,
U-Bhf. Kotbusser Tor

Café Luzia
Oranienstraße 34,
U-Bhf. Kotbusser Tor

Roses
Oranienstraße 187

Trinkteufel
Naunynstr. 60,
U-Bhf. Kottbusser Tor

Dach-Straße (S-Bhf. Warschauer Straße) in ein Party- und Kneipenmekka verwandelt. Deshalb geht's dort in den meisten Lokalen ab 22 Uhr drinnen weiter. Hier treffen sich Locals und Gäste zum Umtrunk in Bars wie dem **Himmelreich,** der **Blechbilderbar** gleich nebenan oder dem **Feuermelder.** Wer ein Stück kultige Hard 'n' Heavy-Szene erleben will, sollte sich das schräge **Paule's-Metall-Eck** nicht entgehen lassen. Und wenn die Kondition noch ausreicht, geht's danach weiter in die Klubs auf dem RAW-Gelände (S. 21).

Auf der anderen Seite der Oberbaumbrücke in Kreuzberg weiß man traditionell gut mit langen Nächten umzugehen. Die **Oranienstraße** zwischen U-Bhf. Moritzplatz und Görlitzer Bahnhof ist seit Jahrzehnten ein Garant für spaßige Kneipentouren – daran hat auch die Gentrifizierung nichts geändert. Läden wie die **Franken-Bar,** das **Café Luzia** oder das plüschige **Roses** sind eigentlich immer voll. Anschließend geht's zur Party oder zum Punkkonzert ins **SO36** (S. 24). Und wer dann immer noch nicht genug hat, steuert den **Trinkteufel** an, der eigentlich nur schließt, wenn mal wieder durchgefegt werden muss.

Neukölln gehörte zu den letzten Innenstadtbezirken Berlins, die von der hippen Kneipenszene entdeckt wurden. Neue Bars sprießen hier fast wöchentlich aus dem Boden – und verschwinden wieder. Deshalb lohnt es sich, durch den Reuterkiez zu schlendern und die Augen offen zu halten. Am besten startet man mit einem Sundowner vor der **Ankerklause** am Maybachufer und arbeitet sich Richtung Weserstraße vor. Dort hat sich in den letzten Jahren ein wahrer Kneipenhimmel aufgetan. Ob feine Cocktailkultur im **Tier**, der **Thelonius Bar**, der **Velvet Bar** (S. 30) oder entspannte Studentenatmosphäre im **Ä** – zwischen Weser- und Donaustraße gibt es für jeden Geschmack den richtigen Laden.

Ankerklause
Kottbusser Damm 104, U-Bhf. Schönleinstraße

Tier
Weserstraße 42, U-Bhf. Rathaus Neukölln

Thelonius Bar
Weserstraße 202, U-Bhf. Hermannplatz

Ä
Weserstraße 40, U-Bhf. Rathaus Neukölln

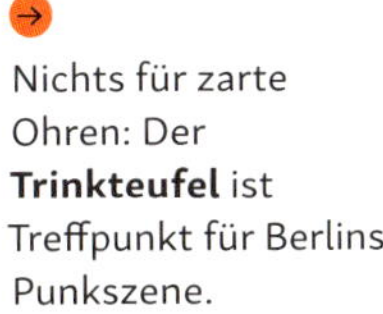

Nichts für zarte Ohren: Der **Trinkteufel** ist Treffpunkt für Berlins Punkszene.

MITTE, PRENZLAUER BERG

Auch der Osten der Stadt hat einiges zu bieten, wenn es um gepflegte Barkultur geht. Dauerbrenner wie das **An einem Sonntag im August** oder das **Wohnzimmer** sind altbewährte Publikumsmagneten im Prenzelberg. Besonders der Helmholtzkiez rund um die Stargarder Straße hält einige Überraschungen bereit.

An einem Sonntag im August
Kastanienallee 103, U-Bhf. Eberswalder Straße

Wohnzimmer
Lettestr. 6, U-Bhf. Eberswalder Straße

Insgesamt ist die Bar- und Kneipenszene hier zwar etwas braver, dafür wird viel Wert

Die **Velvet-Bar** ist unter den Top 100 der besten Bars weltweit.

Saphire Bar
Bötzowstr. 31,
S-Bhf. Greifswalder Straße

Kink Bar
Schönhauser Allee 176,
U-Bhf. Senefelderplatz

Becketts Kopf
Pappelallee 64,
U-Bhf. Eberswalder Straße

Immertreu
Christburger Str. 6,
S-Bhf. Prenzlauer Allee

Schwarzes Café
Kantstr. 148,
S-Bhf. Savignyplatz

Paris Bar
Kantstr. 152,
S-Bhf. Savignyplatz

auf Qualität gelegt. Feine und kultige Cocktails mixen etwa die **Saphire Bar** oder die **Kink Bar** im Pfefferberg. Im Stil eines Gentlemen's Pub lässt die Bar **Becketts Kopf** keine Cocktail-Wünsche offen. Whiskey-Connaisseure kommen im **Immertreu** mit seinem 14 Meter langen Tresen voll auf ihre Kosten.

CITY WEST

In der City West ist vor allem die Gegend um den Savignyplatz (S-Bhf. Savignyplatz) die Adresse zum Ausgehen. Ein echter Klassiker des Nachtlebens, bereits zu Westberliner Zeiten, ist das **Schwarze Café**, wo sich manchmal auch die eine oder andere Berühmtheit blicken lässt. Kein Wunder, der Kunstszene- und Promitreff **Paris Bar** liegt gleich nebenan – ebenfalls eine Institution, die schon zu Mauerzeiten Bestand hatte. Weitere Ausgehzentren befinden sich in Schöneberg im Quartier um die Akazienstraße (U-Bhf. Eisenacher Straße), hier bei gemütlichem Kiez-Charme, und am **Winterfeldtplatz** (U-Bhf. Nollendorfplatz), wo die Schwulenszene ihr Zuhause hat.

DIE BUCKETLIST

Ab nach draußen!

An warmen Sommerabenden zeigt Berlin sein schönstes Gesicht. Am besten genießt man es in einem der vielen Biergärten.

1

ZENNER

Zum Glück wieder aus dem Dornröschenschlaf erwacht: Im Zenner genoss man schon in den 1930er-Jahren kühle Getränke und den Blick auf die Spree.

Alt-Treptow 15, S-Bhf. Treptower Park

2

CAFÉ AM NEUEN SEE

Der schnucklige See im Tiergarten lädt zu entspannten Ruderpartien ein. Anschließend locken Snacks und Drinks in dieser Berliner Biergarteninstitution.

Lichtensteinallee 2, S-Bhf. Tiergarten

3

PRATER

Das beliebte Lokal mitten im Prenzlauer Berg ist der älteste Biergarten der Stadt. Im Sommer brechend voll, aber Platz ist genug!

Kastanienallee 7–9, U-Bhf. Eberswalder Straße

4

SCHLEUSENKRUG

Wer nach dem Besuch im Berliner Zoo hungrig ist, kann im lauschigen Schleusenkrug Rast machen. Authentisch berlinerisch!

Müller-Breslau-Str. 1, S- und U-Bhf. Zoologischer Garten

5

ZOLLPACKHOF

Gute deutsche Küche und leckeres Bier unter Kastanien – mit Blick aufs Regierungsviertel.

Elisabeth-Abegg-Str. 1, U-Bhf. Bundestag

6

GOLGATHA

Mit seinen alten schattenspendenden Bäumen ist das Golgatha am Viktoriapark der perfekte Ort, um sich in der Berliner Sommerhitze Abkühlung zu verschaffen.

Dudenstr. 40–60, U-Bhf. Platz der Luftbrücke

7

KLUNKERKRANICH

Zum Sundowner steigt man in Neukölln aufs Dach, im Klunkerkranich, einem kultigen Dachgarten über den Neukölln Arcaden.

Karl-Marx-Str. 66, U-Bhf. Rathaus Neukölln

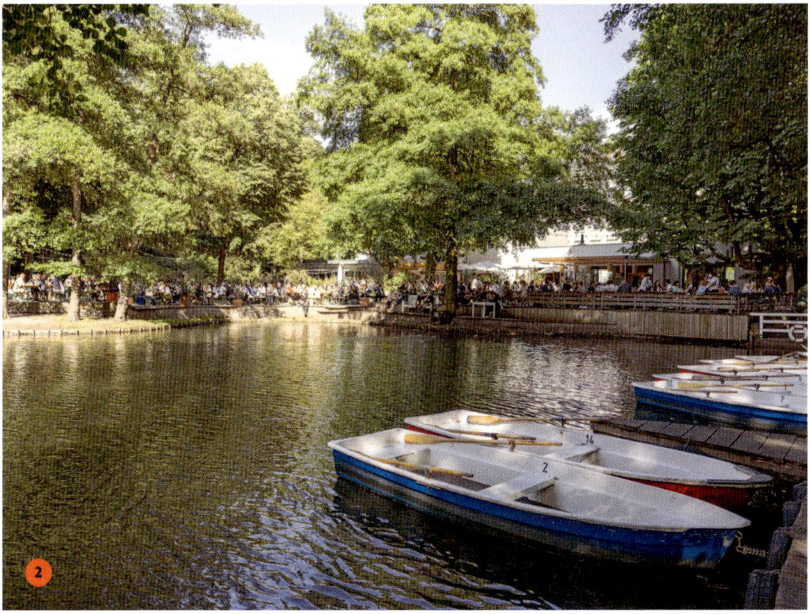
2

SCHLEUSEN
4

Klunker
Kranich
7

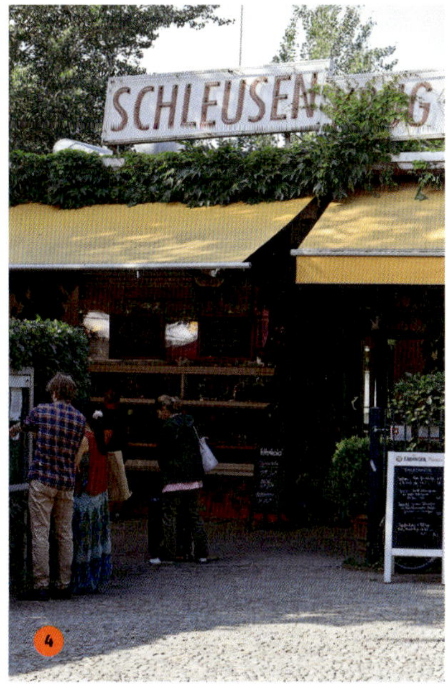

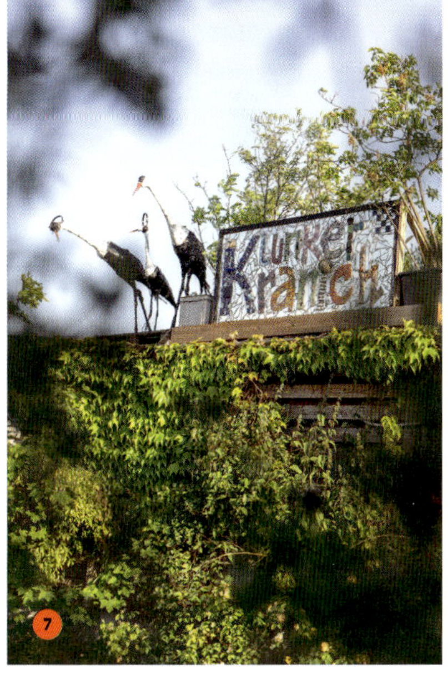

DAS INTERVIEW

Partylocation ist die ganze Stadt

„Du kannst in Berlin problemlos eine Woche lang ohne Unterbrechung Party machen.“

Unser Moderator Kai Steinecke hat das Nachtleben der Hauptstadt unsicher gemacht. Was hat ihm am besten gefallen?

Was macht für dich den Reiz der Berliner Partyszene aus?

KAI Was wirklich toll ist am Berliner Nachtleben, ist diese grenzenlose Vielfalt. Du kannst hier wirklich alles machen, was du willst, egal, zu welchem Musikstil du tanzen willst oder welches Publikum du bevorzugst. Du kannst in Berlin problemlos eine Woche lang ohne Unterbrechung Party machen. Und das ist keinesfalls übertrieben.

Wie sieht für dich der perfekte Start ins Nachtleben aus?

KAI Wenn ich im Sommer ausgehe und etwas trinken möchte, setze ich mich am liebsten mit einem Bier in einen Park oder auf die Admiralbrücke und genieße den Sonnenuntergang. Aber natürlich geht es auch anders: Schicke Cocktail-Locations gibt es in der Stadt ohne Ende.

„Nu aba ran an die Buletten!“

(BERLINER REDENSART)

Die Berliner Gastroszene hat sich in den letzten Jahren enorm entwickelt. Genussmenschen, Feinschmecker und Foodies können sich richtig durchschlemmen – sie müssen nur wissen, wo. Wir geben Tipps zu den besten Gourmettempeln, vegetarisch-veganen Restaurants und neuesten Foodtrends. Neben all dem ist sich Berlin aber treu geblieben: Currywurst, Döner und Buletten sind immer noch die Fast-Food-Snacks Nummer eins.

Klassiker traditionell und neu gedacht

Von der Currywurst bis zum Fine-Dining-Menü – eine junge Garde kreativer Köchinnen und Köche interpretiert die traditionelle Berliner Küche völlig neu.

Heute muss man traditionelle Lokale, in denen Blutwurst, Eisbein und Co. nach altgedienten Rezepten angeboten werden, beinahe suchen wie die Nadel im Heuhaufen. Das liegt sicherlich auch daran, dass deftige Arbeiterkost, die schmecken, aber vor allem satt machen soll, nicht zu den aktuellen Foodtrends passen will. So stehen Schweinshaxe und Innereien eher nicht ganz oben auf dem Speiseplan gesundheitsbewusster Menschen. Wenn ihr euch jedoch ein Bild machen möchtet von der durchaus leckeren Alltagskost früherer Jahre, solltet ihr ruhig einmal einen Ausflug in eines der alteingesessenen Lokale wagen.

← Currywurst – in der ganzen Stadt das beliebteste Streetfood, am liebsten mit Pommes.

Mitten im historischen Teil von Neukölln produziert die **Blutwurstmanufaktur** mit allerbesten Zutaten und einer geheimen Gewürzmischung.

SATTMACHER AUS TRADITION

Zu den typischen Berliner Spezialitäten, die ihr in Traditionslokalen probieren könnt, zählen Königsberger Klopse (die gar nicht aus Berlin, sondern aus Ostpreußen stammen), Buletten (nur echt aus Hackfleisch halb und halb), Berliner Leber (Rinderleber mit Zwiebeln und Apfel) oder Hoppelpoppel (Kasslerstreifen, Rührei und Bratkartoffeln). Eher zur Berliner Küche für Fortgeschrittene gehören Aal grün (gekocht) und Eisbein (gepökelter und gekochter Vorder- oder Hinterunterschenkel vom Schwein) mit Erbspüree. Man muss die

Fettschwarte ja nicht unbedingt mitessen, wenn man Angst vor Sodbrennen hat. Auch Tote Oma, also Blutwurst, (der Name stammt wohl von der roten Färbung der Wurstmasse), klingt beim ersten Hinhören nicht gerade verlockend, ist gut zubereitet aber ein echtes Geschmackserlebnis. Die **Blutwurstmanufaktur** in Rixdorf gehört zu den besten Quellen für diese Kochwurst. Die deftigen Produkte des Neuköllner Wurstritter haben nicht nur zahlreiche Preise gewonnen, im Laden gibt es auch einen täglich wechselnden Mittagstisch vom Feinsten. Ganz allgemein ist die schwere, fleischlastige Berliner Küche eher etwas für die Wintermonate. Ein Eisbein bei 30 °C im Schatten dürfte selbst konditionsstarken Esserinnen und Essern Probleme bereiten.

×
Blutwurstmanufaktur
Karl-Marx-Pl. 9–11,
U-Bhf. Karl-Marx-Straße,
€€€

INFO
KULINARIK

Das Phänomen Currywurst

Ein wahres kulinarisches Aushängeschild der Stadt ist die **Currywurst**. Auch wenn nicht ganz klar ist, von wem sie wirklich erfunden wurde, ist es doch wahrscheinlich, dass die Kombination aus Gewürzsauce und Bratwurst erstmals in Berlin über die Imbisstheke ging. Heute bekommt man den Sattmacher an jeder Ecke, und bei der Bestellung kann man nicht viel falsch machen. Man muss nur eine grundlegende Entscheidung treffen: mit oder ohne Darm. Wer mag, bestellt sich stilecht geschmorte Zwiebeln dazu und bestreut das Ganze mit extraviel „Scharf". Die besten Buden der Stadt haben wir auf S. 44/45 für euch zusammengestellt.

DIE BUCKETLIST

Berlin deftig

Neun urgemütliche Lokale, die noch nach Omas Rezepten kochen

1 MAX UND MORITZ

Eine Kreuzberger Institution für Freunde Altberliner Küche.

Oranienstr. 162, U-Bhf. Moritzplatz

€€

2 ZUR ALTEN LATERNE

Neben dem Rathaus in Köpenick wird britische Pubkultur mit Berliner Speisen vereint.

Alt-Köpenick 31–33, Tram Schlosspark Köpenick

€

3 ZUM SCHUSTERJUNGEN

Deftige deutsche Hausmannskost nach alten Rezepten.

Danziger Str. 9, U-Bhf. Eberswalder Straße

€€

4 LAUSEBENGEL

Berliner Spezialitäten im Gräfekiez und Biersorten aus zehn (!) Zapfhähnen.

Grimmstr. 21, U-Bhf. Schönleinstraße

€€

5 ZUR GERICHTSLAUBE

Berliner und Brandenburger Küche im Nikolaiviertel.

Poststr. 28, S-/U-Bhf. Alexanderplatz

€€

6 DIENER TATTERSALL

Hier gibt's Blut- und Leberwurst mit Sauerkraut!

Grolmanstraße 47, U-Bhf. Uhlandstr.

€

7 VOLKSKAMMER

Essen wie in der DDR, stilecht mit Ostambiente der 1980er-Jahre. Hier gibt's Falschen Hasen, Goldbroiler oder Letscho. Aber: Es schmeckt besser als früher!

Straße der Pariser Kommune 18, S-Bhf. Ostbahnhof

€–€€

8 DICKE WIRTIN

Ein Stück Berliner Geschichte.

Carmerstr. 9, U-Bhf. Uhlandstraße

€€

9 LEMKE AM SCHLOSS

Brauerei-Unternehmen mit Speisegaststätte.

Luisenplatz 1, U-Bhf. Richard-Wagner-Platz

€

Deutsche Küche
3

8

8

ANNO 1270
ALT BERLINER RESTAURANT
Zur Gerichtslaube
5

INSIDERTIPP

5 Best of Currywurstbuden

Ein Berlinbesuch ohne Currywurst wäre nur eine halbe Sache. Wer den herzhaften Berliner Snack probieren möchte, hat allerdings die Qual der Wahl. Hier schmeckt er garantiert:

1

KONNOPKES IMBISS

Die Traditionswurst Berlins. Auch vegan! Die lange Schlange spricht für sich. Konnopke hat die Wurst bereits 1930 per Bauchladen verkauft.

Schönhauser Allee 44b, U-Bhf. Eberswalder Straße, unter den Gleisen

2

CURRY36

Wegen der langen Öffnungszeiten eine gute Adresse für Nachtschwärmer. Hier gibt's die Wurst auch bio und vegan. In viel Fett gebraten werden beide Varianten. Wer möchte, nimmt geschmorte Zwiebeln dazu.

Mehringdamm 36, U-Bhf. Mehringdamm (mehrere Filialen in Berlin, etwa am Hauptbahnhof und am Bahnhof Zoo)

3

CURRY61

Ein Stück Berlin im Touri-Hotspot. Doch man geht mit der Zeit: Vegane Wurst und vegane Mayo gehen weg wie warme Semmeln. Trotz großem Andrang bleibt die Bedienung erstaunlich freundlich.

Oranienburger Str. 6, U-Bhf. Oranienburger Tor

4

MISCHKE

Die Wurst für Fortgeschrittene

Bei Mischke stammt die Wurst aus eigener Herstellung, das Fleisch aus der eigenen Fleischerei. Alles wird frisch zubereitet. Allein die Beilagen (etwa Bratkartoffeln) sind hier einen Besuch wert.

Schönhauser Allee 144, Prenzlauer Berg, U-Bhf. Eberswalder Str.

5

CURRY & CHILI

Die schärfste Currywurst in Berlin. Zur Auswahl stehen unterschiedliche Schärfegrade, fleischlose und vegane Varianten. Auch der Ketchup kommt aus eigener Herstellung.

Osloer Straße/Ecke Prinzenallee, U-Bhf. Osloer Str.

ياسمين الشام
Yasmin A
ياسمين الشام
Yasmin Alsham
Orientalische Küche
Falafel فلافل
Schawerma شاورما
Syrischer Geschmack
Makali مقالي
Wings جوانح
guten Appetit
Broasted بروستد
تبولة

Berlin international

Das kulinarische Angebot der Stadt ist überwältigend. Nirgendwo sonst könnt ihr in Deutschland eine so große kulturelle Vielfalt auf engstem Raum erleben – und schmecken.

In Berlin sind Menschen aus aller Welt zu Hause. Die Stadt ist ein Schmelztiegel unterschiedlichster kultureller Einflüsse: 36 Prozent der Berlinerinnen und Berliner haben ausländische Wurzeln (Stand 2020) – Tendenz steigend! Das spiegelt sich natürlich auch in der Gastroszene Berlins wider. In kaum einer anderen Stadt findet ihr eine so große Auswahl an internationalen Lokalen und Supermärkten. Denn all die Menschen, die ihre Heimat verlassen haben und hierhergezogen sind, haben auch ihre Essgewohnheiten und jede Menge umwerfende Rezepte mitgebracht. Wo sonst können sich experimentierfreudige Kulinarikfans durch einen Markt für thailändisches Streetfood futtern, knusprig

← Der Döner wurde tatsächlich in Berlin erfunden und ist inzwischen „home-food“ in der Spreemetropole.

frittierte Insekten probieren, die unendlichen Spielarten der afrikanischen Küche kennenlernen und gleich nebenan in den besten Döner der Welt beißen?

JENSEITS ALLER KLISCHEES – DIE TÜRKISCHE KÜCHE

Noch bis in die späten 1960er-Jahre hinein bildeten italienische und griechische Zuwanderer die größten Bevölkerungsgruppen nichtdeutscher Herkunft in Berlin. Doch mit dem Abkommen zur Anwerbung türkischer Arbeitskräfte zwischen der Türkei und der Bundesrepublik Deutschland änderte sich das sehr schnell – besonders in Westberlin. Kein Wunder also, dass Berlin auch als die größte türkische Stadt außerhalb der Türkei bezeichnet wird. Heute gibt es hier die meisten türkischen Restaurants und Imbissbuden jenseits des Bosporus.

i
Türkische Vielfalt auf die Hand findet ihr auch an einigen Ständen auf dem **Wochenmarkt am Kollwitzplatz** Kollwitzstr. 68, U-Bhf. Senefelder Platz, Sa 9–17 Uhr

Doch die türkische Küche bietet weit mehr als Döner und Börek. Sie ist vielfältig, regional geprägt und von der arabischen, indischen und persischen Küche beeinflusst. Vom Frühstück mit scharfem **Menemen**

Hasir
Adalbertstraße 10,
U-Bhf. Kottbusser Tor,
€€

(Rührei mit Tomate und Gewürzen) und duftenden **Simit** (Sesamkringel) bis zu **Meze**, der türkischen Tapas-Variante, von deftigen Grillgerichten wie **Köfte**, **Döner** und Co. bis hin zu rein vegetarischen Hauptspeisen wie **Türlü** (eine Art Ratatouille) oder **İmam bayıldı** (gefüllte Auberginen): Eine kulinarische Reise in die Türkei ist in Berlin kein Problem. Kreuzberg ist nach wie vor die erste Adresse für authentische türkische Küche, doch auch in den anderen Stadtteilen finden sich erstklassige Lokale.

Hier wurde er erfunden, der Döner! Das sagen zumindest die Betreiber des türkischen Restaurants **Hasir**.

INFO
KULINARIK

Das Phänomen Döner

Wer zuerst auf die Idee kam, Kalb- oder Lammfleisch vom Spieß mit Salat und Sauce zwischen zwei Fladenbrothälften zu stopfen, wird wohl für immer ungeklärt bleiben. Einigermaßen sicher ist jedoch, dass der Döner, so wie wir ihn heute kennen, in Deutschland erfunden wurde. Anfang der 1970er-Jahre verloren viele türkischstämmige Migrantinnen und Migranten ihren Arbeitsplatz. Einige beschlossen hierzubleiben und eröffneten Imbisse. So nahm der Siegeszug des Döner Kebap (türkisch für „drehendes Grillfleisch") seinen Lauf. Mittlerweile gibt es ca. 1600 Dönerläden in allen Berliner Stadtteilen. Die Betreiber des Restaurants **Hasir** (U-Bhf. Kottbusser Tor, €€) in der Kreuzberger Adalbertstraße sind sich übrigens sicher: Sie haben das frische Fast Food mit Gemüse erfunden, bieten auf ihrer Speisekarte aber noch viel mehr.

ARABISCH – BELIEBT WIE NIE

×
Azzam
Sonnenallee 54, U-Bhf. Rathaus Neukölln,
€

Freitagabend auf der Sonnenallee: Die Straße, die auch als „Scharia al Arab" (arabische Straße) bekannt ist, erwacht zum Leben, der Duft von Gegrilltem zieht um die Häuser, Tische und Stühle reihen sich auf den Gehwegen, alle voll besetzt. In den kleinen Supermärkten, die von „Feierabend" offenbar wenig halten, herrscht auch nachts geschäftiges Treiben. **Azzam**, **City**

City Chicken – das Original seit 1996
Sonnenallee 59,
U-Bhf. Rathaus
Neukölln,
€

Chicken und die anderen arabischen Imbisse, Restaurants, Supermärkte, Nussröstereien und Teehäuser haben jetzt alle Hände voll zu tun. Und wer nicht eingeweiht ist, den kann ein Blick auf die Speisekarten schon mal ratlos machen.

Am besten bestellt ihr das, was am Nachbartisch lecker aussieht. Was auffällt ist die große Auswahl an vegetarischen Gerichten wie **Mussabaha** (Hummus mit gerösteten Kichererbsen), **Manakish** (gewürztes Fladenbrot aus dem Ofen), **Foul** (gestampfte Saubohnen mit Knoblauch) oder **Baba Ghanoush** (Auberginenpüree mit Sesampaste) – ein Grund, warum arabisches Essen zurzeit so beliebt ist, gerade bei Expats und Studierenden. Weitere kulinarische Zentren der arabischen Community sind in der Huttenstraße in Moabit und im Wedding zu finden.

INFO KULINARIK

Der Hummus-Himmel

Vom amerikanischen Expat bis zur Großfamilie aus dem Libanon, vom vegan lebenden Studenten bis zum Nachtschwärmer und Touri – im Restaurant **Azzam** ist täglich ein Clash of Cultures live zu erleben. Das gute Essen schweißt zusammen und Integrationsprobleme kennen sie hier offenbar nicht. Die Manakisch frisch aus dem Ofen sind göttlich und das Hummus hat Suchtpotenzial. Abends muss man Geduld mitbringen und sich einen Tisch erkämpfen, aber es lohnt sich wirklich.

Berlin exotisch – schlemmen von Hanoi bis Buenos Aires

Keine Frage – in kaum einer anderen Stadt gibt es eine so große Vielfalt an Restaurants. Wer will, kann in Berlin auf eine kulinarische Weltreise gehen.

Denn in Berlin leben Menschen aus über 170 Nationen. Die internationale Gastronomie der Stadt auf orientalische Einflüsse zu reduzieren, wäre verfehlt, auch wenn in manchen Stadtteilen der Eindruck entstehen kann, Döner sei Volksreligion. Neben den zahlreichen italienischen und einigen griechischen Lokalen, haben in Berlin vor allem die fernöstlichen Nationen ihren kulinarischen Fußabdruck hinterlassen. Egal ob thailändisch, vietnamesisch, koreanisch, chinesisch oder japanisch – wer Lust auf scharf gewürzte Currys, Bowls

← Nicht nur die Gastroszene, auch das Berliner Streetfood ist ein Blick in die Küchen dieser Welt.

oder Ramen hat, findet in Berlin erstklassige Adressen. Vor allem in den Ostbezirken wie Lichtenberg und Marzahn-Hellersdorf ist eine große vietnamesische Community zu Hause, die aus Geflüchteten nach dem Vietnamkrieg und von der DDR angeworbenen Vertragsarbeitern entstanden ist. Seitdem ist die **Pho-Suppe** vom Großstadtspeisezettel nicht mehr wegzudenken. Wer Lust auf authentische vietnamesische Küche und Großmarktflair hat, sollte den **Dong Xuan Center** in Lichtenberg besuchen.

Dong Xuan Center
Herzbergstr. 128–139,
Tram Herzbergstraße/
Siegfriedstraße

INFO
KULINARIK

Klein-Vietnam in Lichtenberg

Das vietnamesische Dong Xuan Center in Lichtenberg spielt mit seinen Ladengeschäften in mehreren zweckmäßigen Hallen atmosphärisch nicht gerade in der Oberliga. Doch irgendwie lohnt sich ein Besuch, denn dies ist einer der Orte in der Stadt, an dem auch Einheimische zu Touris werden. Neben Unmengen von Schnickschnack und Plastikspielzeug warten Nagelstudios, günstige Mode und Haushaltswaren. Doch die hier angesiedelten Supermärkte haben es in sich. Und auch das Essen in den Lokalen ist unschlagbar authentisch. Die beste Belohnung nach einem langen Marsch durch die Hallen: eine Pho-Suppe im Restaurant **Duc Anh Quan**.

Hier gibt's die Klassiker der vietnamesischen Küche aus erster Hand in gleich mehreren Restaurants, allerdings in einer etwas gewöhnungsbedürftigen Hallenatmosphäre.

Auch wenn es um Thai-Küche geht, hat man in Berlin die Qual der Wahl. Wenn ihr euch einen Überblick über die vielen Spielarten thailändischer Gastronomie verschaffen möchtet, solltet ihr den **Thaipark** (S. 56) ansteuern, einen Streetfood-Markt mit vielen thailändischen Imbissständen und Garküchen in der Nähe des Preußenparks.

Auch an chinesischen, indischen und mittlerweile auch koreanischen Restaurants herrscht in Berlin kein Mangel. Wer nicht lange suchen möchte und Lust auf würzige Küche aus Asien hat, sollte sich einfach zur **Kantstraße** (U-Bhf. Wilmersdorfer Straße) in Charlottenburg-Wilmersdorf aufmachen. Hier befindet sich traditionell ein kleines Zentrum für ostasiatische Küche in Berlin. Neben einigen kleineren Imbissen und Garküchen sind das japanische **893 Ryotei** angesiedelt und der alteingesessene Klassiker und Dauerbrenner unter den chinesischen Restaurants in Berlin, das beliebte **Good Friends**.

893 Ryotei
Kantstr. 135,
S-Bhf. Savignyplatz,
€€€

Good Friends
Kantstr. 30,
S-Bhf. Savignyplatz,
€€–€€€

DIE BUCKETLIST

Für Weltenbummler

Lust auf einen kulinarischen Kurzurlaub? Hier eine winzige Auswahl an Angeboten für Experimentierfreudige.

1

THAIPARK

Der Open-Air-Markt mit zahlreichen Garküchen hat sich in den letzten Jahren als Topadresse für Foodies etabliert. Hier gibt es eine große Auswahl thailändischer Gerichte.

Nähe Preußenpark, U-Bhf. Fehrbelliner Platz

€

2

BEJTE ETHIOPIA

Wunderbar authentische Gerichte nach äthiopischen Rezepten in stilechter Atmosphäre – ein Abend hier kommt einem Kurztrip nach Ostafrika gleich.

Zietenstr. 8, U-Bhf. Nollendorfplatz

€€

3

MIKROKOSMOS

Frittierte Mehlwürmer auf südamerikanische Art? Hier wird das Essen der Zukunft kreiert. Ganz nebenbei schmeckt's aber auch hervorragend!

Reichenberger Str. 122, U-Bhf. Görlitzer Bahnhof

€€€

4

MING-DYNASTIE

Eins der besten chinesischen Restaurants in Berlin. Die Auswahl ist riesig.

Brückenstr. 6, Mitte, S- und U-Bahnhof Jannowitzbrücke

€€–€€€

5

VILLA RODIZIO

In den Filialen in Los Angeles und New York hat sich das Erfolgsrezept von Rodizio bereits herumgesprochen: eine Fusion aus Churrascaria, mexikanischer Kantine und argentinischem Steakhaus.

Milastr. 2, S- und U-Bhf. Schönhauser Allee

€€–€€€

6

TAFELRUNDE

Zeitreise statt Weltreise: Essen wie im deutschen Mittelalter mit Met aus schweren Krügen, Deftigem ohne Besteck (nur mit Dolch) und ritterlicher Bedienung.

Nachodstr. 21, U-Bhf. Viktoria-Luise-Platz

€€–€€€

1

MING DYNASTIE
HERZLICH WILLKOMMEN
欢迎光临 大明酒家
4

2

4

Regional futtern und shoppen

Regionale und nachhaltige Erzeugnisse sind gefragt wie nie, ganz besonders bei den Großstädtern. Auf Märkten und Streetfood-Meilen schmecken die Schätze aus dem Umland umso besser.

Seit Jahren steigt die Zahl der Betriebe in Brandenburg, die ökologischen Landbau betreiben (2022 waren es über 16 Prozent). Das liegt vor allem an der Nachfrage aus der Hauptstadt – aber auch an den vielen neuen Biolandwirtschaftsbetrieben, die zum Teil von ehemaligen Berlinerinnen und Berlinern gegründet werden. Viele Menschen haben einfach keine Lust mehr auf Einheitskost aus dem Kühlregal. Ein Besuch auf dem Wochenmarkt ist immer spannend. Hier findet ihr viele Produkte, die im Umland erzeugt werden. An fast jedem Tag der Woche könnt ihr irgendwo in Berlin über einen Markt schlendern und leckere regionale Produkte shoppen oder gleich vor Ort probieren. Die Märkte sind auch die perfekten Orte, um die wachsende Streetfood-Szene der Stadt kennenzulernen. Ob gediegen mit Westberliner Stil auf dem **Winterfeldtplatz** oder chaotisch, laut und international am **Maybachufer** in Kreuzkölln – einen Marktbesuch solltet ihr bei einem Berlin-Trip unbedingt einplanen.

Markthalle Neun
Eisenbahnstr. 42/43,
U-Bhf. Görlitzer Bahnhof,
€€–€€€

ALTE MARKTHALLE – NEUES GESICHT

↓ Die **alte Markthalle** haben die Anwohnerinnen und Anwohner der Stadt gerettet.

Eine echte Erfolgsgeschichte ist die Wiederbelebung der **Markthalle Neun** in Kreuzberg: Hier tat sich die Nachbarschaft mit einem

Investor zusammen und verhinderten den Abriss der Halle und den Neubau eines modernen Einkaufszentrums. Seit 2011 gibt es hier wieder kleinteiligen Einzelhandel und einen Wochenmarkt (freitags und samstags) mit Erzeugern aus der Region – außerdem Streetfood vom Feinsten.

Ein echter Klassiker ist die **Marheineke Markthalle** (S. 63) im Bergmannkiez: Hier trifft sich wirklich Hinz und Kunz zum täglichen Kaffee und Lunch, zum Einkaufen

↓ **Arminiusmarkthalle** Seit 2010 wieder als Markthalle genutzt. Arminiusstr. 2–4, U-Bhf. Turmstraße

und zum Fachsimpeln. Vom einfachen Asiasnack bis zum Biobuffet findet sich hier gastronomisch alles.

DRAUSSEN SCHMECKT'S AM BESTEN

Streetfood liegt der Hauptstadt im Blut und ist eigentlich überall präsent. Doch es gibt auch ein paar Hotspots für Foodies: Einige Flohmärkte haben sich zu reinsten Fressmeilen entwickelt, so auch der **Flowmarkt Nowkoelln** (S. 139) am Maybachufer, wo man sich an einigen ausgesuchten Ständen mit veganem Gyros oder gegrilltem Fisch von der Schnäppchenjagd erholen kann. Beim **Flohmarkt am Mauerpark** (S. 125) hat sich eine ganze Armada von Fressbuden etabliert. Vom Pulled Pork Burger bis zum Burrito ist hier alles zu haben, aber eben auch Crêpes und Currywurst. Ein echtes Streetfood-Event nach amerikanischem Vorbild findet sonntags in der **Kulturbrauerei** im Prenzlauer Berg statt. Hier versammeln sich auf dem sonst beschaulichen Hof der alten Brauerei im Kollwitzkiez Stände mit bestem Streetfood aus aller Welt.

×
Kulturbrauerei
Schönhauser Allee 36, U-Bhf. Eberswalder Straße

INSIDERTIPP

5 Best of Streetfood

Es hat sich rumgesprochen: Berlin ist ein Paradies für kulinarische Globetrotter. An manchen Orten der Stadt kann man sich durch viele Küchen zugleich futtern.

1

MAKTHALLE NEUN

Donnerstags um 17 Uhr ist Streetfood Thursday. Dann wird die Markthalle Neun zum Treff für Foodies, mit kreativen (aber nicht ganz preiswerten) Snacks. An den anderen Tagen wird nur das Allerbeste aus der Region verkauft.

Wochenmarkt Fr 12–18, Sa 10–18 Uhr, U-Bhf. Görlitzer Bahnhof, Eisenbahnstr. 42/43

2

BITE CLUB

Relaxter Foodie-Treff an der Spree

Beim Arena Club in Treptow: Craft Beer und Naturwein zum Sonnenuntergang mit Clubsound-Beschallung. Für kulinarische Experimente sorgen etwa 15 internationale Essensstände.

Unregelmäßig (Termine s. Facebook), S-Bhf. Treptower Park, Eichenstr. 4

3

ARMINIUSMARKTHALLE

Nicht so hip wie die Markthalle Neun, dafür aber auch nicht so teuer: Die Markthalle in Moabit ist ein echter Nachbarschaftstreff – bei Blutwurst im Hofladen oder Brunch am Samstag.

Mo–Fr 10–20, Sa 10–18 Uhr, U-Bhf. Turmstraße, Arminiusstr. 2–4

4

MARHEINEKE MARKTHALLE

Nicht spektakulär exotisch, aber ein Kiez-Mittelpunkt an der Bergmannstraße mit guter Auswahl an Gastronomie für jeden Geschmack und Geldbeutel. Gegessen wird bei schönem Wetter draußen in der Sonne – perfekt zum Leutegucken und Atmosphäreaufsaugen.

Mo–Fr 8–20, Sa 8–18 Uhr, Kreuzberg, U-Bhf. Gneisenaustraße, Marheinekeplatz 15

5

STREETFOOD AUF ACHSE

Immer sonntags versammeln sich hier die besten Berliner Streetfood-Köchinnen und Köche mit ihren Trucks und Ständen. Vom Thai-Imbiss bis zur usbekischen Garküche findet sich hier alles, was schmeckt.

So 12–18 Uhr, U-Bhf. Eberswalder Straße, Schönhauser Allee 38

Fleischlos glücklich

Vegetarierinnen und Veganer in Berlin haben Glück – die Tische der Hauptstadt sind reich gedeckt, denn im brandenburgischen Umland gedeihen bestes Gemüse und Obst.

Viele Metropolen der Welt sind mittlerweile offen für die fleischlose Lebensweise. Da bildet Berlin keine Ausnahme – im Gegenteil: Berlin ist diesbezüglich Avantgarde! Die Stadt ist für alle, die sich vegetarisch oder vegan

→ Fleischlos schlemmen mit Niveau – Veggie und stilvolles Ambiente schließen sich in Berlin nicht aus. Wie hier im FREA (S. 72)

ernähren, ein unproblematisches Reiseziel. Mittlerweile muss hier also niemand mehr im Restaurant einen langweiligen Beilagenteller bestellen, wenn er auf tierische Produkte verzichten möchte.

GEMÜSE FÜR GOURMETS

Cookies Cream
Behrenstr. 55, versteckt im Hinterhof, U-Bhf. Friedrichstraße, €€€

Kopps
Linienstr. 94, U-Bhf. Rosenthaler Platz, €€€

Lucky Leek
Kollwitzstr. 54, U-Bhf. Senefelder Platz, €€€

Vom Katerfrühstück bis zum Fine-Dining-Menü am Abend findet ihr in Berlin alles auch in der vegetarischen beziehungsweise in der veganen Variante. Vor allem die Gourmetszene hat in den letzten Jahren dazu beigetragen, fleischloses Essen in ein ganz neues Licht zu rücken. Vorreiter **Cookies Cream** bietet schon seit 2007 exzellent Vegetarisches und Veganes auf höchstem Niveau. Freut euch auf extravagante (michelinbesternte) 5- bis 7-Gänge-Menüs (ab 90 € ohne Wein). Die Küche zaubert Gerichte wie „Kohlrabi in Trüffel-Teriyaki-Saft geschmort". Ganz in der Nähe wird im **Kopps** rein vegan gekocht (5 Gänge ab 77 €). Hier gibt es sogar einen Mittagstisch für den etwas kleineren Geldbeutel. Ebenfalls ins Segment des Fine Dining gehört das **Lucky Leek**. Doch keine

Ökomärkte
Chamissoplatz
Sa 9–15 Uhr,
U-Bhf. Gneisenaustraße
Kollwitzplatz
Do 12–19 Uhr,
U-Bhf. Senefelderplatz
Hansaviertel
Fr 12–18.30 Uhr,
U-Bhf. Hansaplatz
Lausitzplatz
Fr 11–18 Uhr,
U-Bhf. Görlitzer Bahnhof

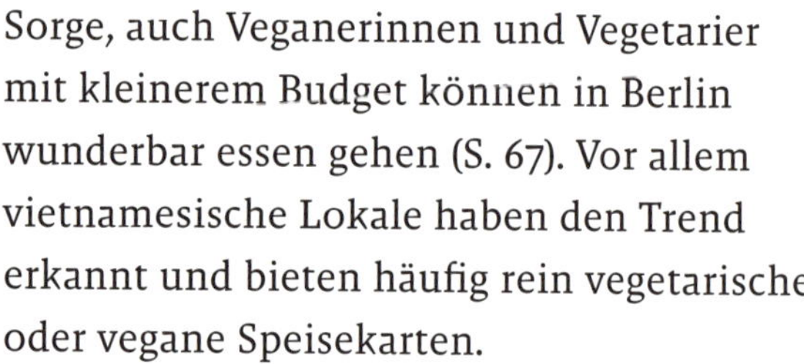

Sorge, auch Veganerinnen und Vegetarier mit kleinerem Budget können in Berlin wunderbar essen gehen (S. 67). Vor allem vietnamesische Lokale haben den Trend erkannt und bieten häufig rein vegetarische oder vegane Speisekarten.

VEGAN SHOPPEN? KEIN PROBLEM!

In Brandenburg gibt es viele Biobetriebe, die ihre Produkte auf den **Ökomärkten in Berlin** anbieten. Diese sind meist etwas kleiner als ihre konventionellen großen Brüder, liefern dafür aber in jeder Hinsicht hervorragende Qualität. Besonders beliebt sind die Ökomärkte am Chamissoplatz – der älteste –, am Kollwitzplatz im Prenzlauer Berg, im Hansaviertel oder am Lausitzplatz.

Loveco
Sonntagstraße 29,
S-Bhf. Ostkreuz

INFO
VEGAN IN BERLIN

Alles ohne Tiere

Auf Events wie dem **Veganen Sommerfest** (veganes-sommerfest-berlin.de) auf dem Alexanderplatz, dreht sich alles ums vegane Dasein. Neben den zahlreichen Bioläden der Stadt haben sich auch einige rein vegane Supermärkte etabliert, die ausschließlich pflanzenbasierte Produkte anbieten.
Vegan und fair produzierte Mode gibt es unter anderem bei **Loveco**. Eine gute Infoquelle für veganes Leben in Berlin mit praktischer Karte für Gastronomie und Einkaufen ist die Website **berlin-vegan.de**.

DIE BUCKETLIST

Best of Veggie

Dies ist nur eine kleine Auswahl aus dem Riesenangebot an vegan-vegetarischen Lokalen. Nach London ist Berlin die zweitgrößte vegane Metropole der Welt.

1 SOY

Bei Vegetariern und Veganerinnen total angesagt. Die thailändisch-vietnamesische Küche zaubert Klassiker und Neuinterpretationen (etwa Suppen und Reisnudelsalate).

Rosa-Luxemburg-Straße 30, U-Bhf. Rosa-Luxemburg-Platz,

€€

2 CON THO

Vegan-vegetarische vietnamesische Rezepte neu interpretiert gibt's im Con Tho – vietnamesisch für „Hase" – in der Hasenheide. Mit lauschiger Gartenterrasse.

Hasenheide 16, U-Bhf. Hermannplatz,

€€

3 BONVIVANT COCKTAIL BISTRO

Gehobene fleischlose levantinische Küche, die 2023 sogar mit einem Michelin-Stern belohnt wurde. Nicht ganz billig, aber dafür in bester Qualität und trotzdem lässig.

Goltzstraße 32, U-Bhf. Nollendorfplatz,

€€€

4 QUY NGUYEN VEGAN LIVING

Rein vegetarische Udon-Nudeln und andere vietnamesische Spezialitäten auf pflanzlicher Basis – in bester Sightseeing-Lage. Auch die Smoothies sind eine Wucht.

Oranienburger Straße 7, S- und U Bhf. Hackescher Markt,

€€

5 SEEROSE

Hier gibt's ausschließlich vegetarische und vegane Leckereien in ungezwungenem Ambiente unter iranischer Leitung. Der Clou ist die täglich frische Salatbar.

Körtestr. 38, U-Bhf. Südstern,

€€

Berliner Kulinarik für Feinschmecker und Genießer

Noch lange Zeit nach der Wende war die Stadt kulinarisches Brachland, wenn es um Fine Dining und gehobene Gastronomie ging. Doch das hat sich längst geändert.

← Lust auf einen besonderen Abend? Berlin bietet Gastro-Erlebnisse vom Feinsten.

Berlin hat sich zu einer der ersten Adressen für Feinschmecker-Gastronomie in Deutschland gewandelt. Das zeigt auch die Vergabe von insgesamt 30 Sternen durch den Guide Michelin im Jahr 2023 verteilt auf 23 Restaurants der Stadt. Berlin ist damit die Stadt mit den meisten Sternerestaurants in Deutschland. Auffällig ist dabei, dass nicht die luxuriösesten Lokale die Gourmetszene voranbringen, sondern kleine innovative Küchen, die in einem eher schlicht gehaltenen Rahmen ihre Kochkunst zeigen. Dabei steht immer häufiger die Verwendung von regionalen Produkten im Vordergrund, ein Trend, der mit großem Aufwand bis zur Perfektion getrieben wird. Ganze Küchenteams machen sich auf in die Schorfheide zum Kräutersammeln und auch das Betreiben eines eigenen Gemüsegartens ist in der Branche keine Seltenheit mehr. Der nicht mehr ganz so neue Trend der „neuen nordischen Küche“ wurde in Berlin vielfach aufgegriffen und weiterentwickelt. Dabei erweist sich das Brandenburger Umland einmal mehr als idealer Lieferant für frische Zutaten und kulinarische Ideen.

Das **Hugo** bietet einen spektakulären Blick über die Stadt.

VERANTWORTUNGSBEWUSST SCHLEMMEN

Rutz
Chausseestr. 8,
U-Bhf. Oranienburger
Tor, €€€

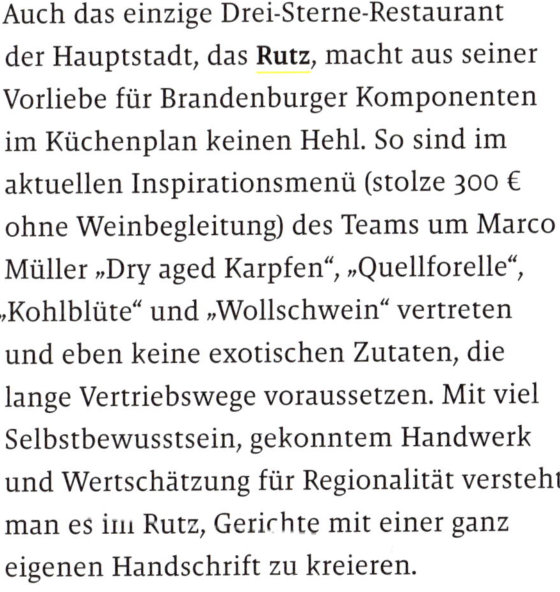

Auch das einzige Drei-Sterne-Restaurant der Hauptstadt, das **Rutz**, macht aus seiner Vorliebe für Brandenburger Komponenten im Küchenplan keinen Hehl. So sind im aktuellen Inspirationsmenü (stolze 300 € ohne Weinbegleitung) des Teams um Marco Müller „Dry aged Karpfen", „Quellforelle", „Kohlblüte" und „Wollschwein" vertreten und eben keine exotischen Zutaten, die lange Vertriebswege voraussetzen. Mit viel Selbstbewusstsein, gekonntem Handwerk und Wertschätzung für Regionalität versteht man es im Rutz, Gerichte mit einer ganz eigenen Handschrift zu kreieren.

Tim Raue
Rudi-Dutschke-Str. 26,
U-Bhf. Kochstraße, €€€

Aber das bedeutet nicht, dass Berliner Gourmetküchen nicht offen sind für Einflüsse anderer Kochtraditionen. So sind die Kreationen von TV-Starkoch und Lokalgröße **Tim Raue** stets asiatisch geprägt. In dem nach ihm benannten Lokal, das auf der einflussreichen Liste der „World's 50 Best Restaurants" auf Platz 40 rangiert, werden lokale Dauerbrenner wie Aal mit Kaffir-Limette oder Eisbein mit Dashi und Ingwer kombiniert.

Nobelhart & Schmutzig
Friedrichstr. 218, U-Bhf. Kochstraße, €€€

Hugos Restaurant
InterContinental, Budapester Str. 2, S- und U-Bhf. Zoologischer Garten, €€€

Noch radikaler lokal orientiert zeigt sich das Menü im **Nobelhart & Schmutzig**, wo großen Wert darauf gelegt wird, dass die Erzeugerinnen und Erzeuger aller verwendeten Zutaten genannt werden. Mit einem unverkrampften Bekenntnis zu Heimat und Herkunft hat sich das Restaurant sogar Platz 45 auf der Liste der „50 best“ erkocht.

Das **Hugos Restaurant** hoch oben im 14. Stock des InterContinental Berlin bietet neben Sterneküche einen exklusiven und atemberaubendem Blick über die Stadt.

FREA
Torstraße 180, U-Bhf Rosenthaler Platz, €€€

VEGAN UND EXPERIMENTELL

Andere Fine-Dining-Adressen gehen noch weiter und versuchen den ökologischen Fußabdruck so gering wie möglich zu halten. Die vegane Zero-Waste-Küche im **FREA** ist auf diesem Gebiet kompromisslos. Hier wird das gesamte Menü „tierfrei“ zubereitet und die wenigen Abfälle werden selbst kompostiert. Dabei ist das ungezwungene Lokal erschwinglich (Menü ab 55 €) und bietet eine gute Gelegenheit, in die moderne gehobene Gastronomie Berlins hereinzuschnuppern.

DAS INTERVIEW

Wie schmeckt Berlin?

„Die Berliner möchten, dass du dich wie zu Hause fühlst, was am Ende des Tages immer noch das beste Gefühl ist.“

Die Foodszene Berlins ist megavielseitig, für jede Gelegenheit und jeden Geschmack. Kai verrät uns seine ganz persönlichen Highlights.

Was ist dein ganz persönlicher kulinarischer Lieblingsort in Berlin?

KAI Schwer zu sagen, es gibt so viele! Ich bin gern auf den Märkten der Stadt unterwegs. Einer meiner Lieblingsorte ist die Markthalle Neun in Kreuzberg (S. 59), eine von ursprünglich 14 in der Stadt. Heute werden hier vor allem regionale und saisonale Produkte angeboten, wobei viel Wert auf echtes Handwerk gelegt wird. Auch Veggies werden hier garantiert glücklich.

Gönnst du dir neben all den Möglichkeiten in Berlin, gut zu essen, trotzdem manchmal einen Döner?

KAI Wenn ich in Neukölln bin, auf jeden Fall! Denn das ist einer der Hotspots für guten Kebap oder türkisches und arabisches Essen. Döner gibt es hier an jeder Ecke – für mich der perfekte Sattmacher nach einer durchgemachten Nacht.

Veggie-Fans oder nicht: In der Markthalle Neun findet jeder sein Lieblings-Food.

1

NIGHTLIFE

2

KULINARIK

3

WOHNEN & ARCHITEKTUR

4

HOTSPOTS

5

KUNST & KULTUR

6

QUEER LIFE

Eine Stadt im permanenten Umbau

BERLIN VERÄNDERT SICH GEFÜHLT STÜNDLICH

Auch Berlins Architekturgeschichte ist eine Geschichte der Extreme: Krieg, Teilung und Modernisierungswahn haben tiefe Wunden gerissen – und einen Flickenteppich entstehen lassen. Außerdem musste Berlin immer wieder für Bauexperimente herhalten. Nach der Wiedervereinigung wird versucht, mit kluger Planung eine Stadt für die Menschen zu gestalten – und dringend benötigten Wohnraum zu schaffen.

Preußischer Prunk und Mietskasernen

Berlin ist eine relativ junge Stadt mit einer Geschichte, die viel Zerstörung, aber auch Wiederaufbau mit sich brachte. Dennoch sind hier auch alte Architekturschätze zu bewundern.

Im Spätmittelalter, als Paris und Köln bereits ein paar Tausend Einwohner und Kathedralen besaßen, waren Berlin und Cölln zwei verschlafene Nester in der Mark Brandenburg diesseits und jenseits der Spree – nicht mehr als Marktflecken auf dem heutigen Gebiet des Stadtteils Mitte. Erst mit den Hohenzollern, die die Spreeinsel Cölln zu ihrer Residenz ausbauten, erlangte die Handelsstadt an Bedeutung. Viele Zeugnisse aus jenen frühen Tagen sind allerdings nicht mehr zu bewundern, denn im Zweiten Weltkrieg wurde besonders die alte Stadtmitte schwer getroffen und nahezu vollständig zerstört.

← Im Zentrum der Stadt treffen die kontrastreichen Stile verschiedener Epochen aufeinander.

VOM PROVINZNEST ZUR KULTURMETROPOLE

Franziskanerkirche
Klosterstraße,
U-Bhf. Klosterstraße

Zu den wenigen erhaltenen Bauten aus dem 13. Jahrhundert zählen die Ruine einer **Franziskanerkirche** in der Klosterstraße, die **Marienkirche** (S. 120) und die **Nikolaikirche** (S. 121). Viel später, so um 1700, entwickelte sich die Stadt unter dem ehrgeizigen Kurfürsten Friedrich III. allmählich zu einem kulturellen Hotspot. Auch architektonisch beliebte man zu klotzen. Berlin wurde Residenzstadt, das **Stadtschloss** (von 1451) entscheidend erweitert und der Boulevard **Unter den Linden** nahm Gestalt an. Für seine Gemahlin Sophie Charlotte ließ Friedrich eine Sommerresidenz à la Versailles

Die Staatsoper ist das erste bedeutende Theater, das als frei stehendes monumentales Bauwerk in einer Stadt errichtet wurde.

errichten, das **Schloss Charlottenburg** (S. 136). Ganz schön ehrgeizig – wenn man bedenkt, dass Berlin in jenen Tagen mit seinen knapp 20 000 Einwohnern noch immer relativ klein war. Doch der Plan ging auf: Bereits 1734 lebten hier 80 000 Menschen. Und mit **Friedrich dem Großen** ging es dann richtig los: Unter seiner Regentschaft entstanden repräsentative Prunkbauten, darunter das **Zeughaus** (1706), die **Staatsoper** (1742) und das **Prinz-Heinrich-Palais** (1766), das die heutige **Humboldt-Universität** beherbergt.

Zeughaus, Staatsoper, Humboldt-Universität alle Unter den Linden; zwischen den U-Bahnhöfen Unter den Linden und Museumsinsel

ARBEITERWOHNUNGEN UND WOHNPALÄSTE

Die Industrialisierung führte zu großen wirtschaftlichen und gesellschaftlichen Umwälzungen. Bei der Reichsgründung 1871 hatte die neue Hauptstadt bereits 800 000 Einwohnerinnen und Einwohner. Bis 1910 verdoppelte sich die Einwohnerzahl noch einmal. Mit dem **Hobrecht-Plan** (benannt nach dem damaligen Stadtbaurat) sollte die Expansion der Stadt in geregelte Bahnen gelenkt werden. Der Bau eines

Heute wie früher in den historischen Mietskasernen sind die inneren Häuser durch mehrere Hinterhöfe zu erreichen.

S-Bahn-Rings rund um die Stadt und eines Hochbahnviadukts von Ost nach West war für die damalige Zeit revolutionär und sorgte, gemeinsam mit dem Bau der Kanalisation, für die nötige Infrastruktur.

Mietskasernen mit muffigen Hinterhöfen schossen in Windeseile wie Pilze aus dem Boden. Hier lebten Arbeiterfamilien zum Teil unter den allerschlimmsten hygienischen Bedingungen, dicht zusammengepfercht, mancherorts mit zehn Personen in einem einzigen Raum.

Berlin platzte Ende des 19. Jahrhunderts aus allen Nähten. Eilig mussten neue Wohngebiete erschlossen werden. Der Bau der **Kaiser-Wilhelm-Gedächtniskirche** (S. 135) 1895 markierte schließlich die Expansion in den neuen Westen: Der Kurfürstendamm, 1871 noch ein staubiger Reitweg abseits des Stadtzentrums, wurde zum breiten Boulevard ausgebaut. Drumherum entstand ein komplett neues Viertel für die Oberschicht mit palastartigen Mietshäusern. Anders als in den Mietskasernen für die Arbeitenden residierte man hier in großzügigen Wohnungen mit bis zu 15 Zimmern.

Prächtige Bauten wie das **Kaufhaus des Westens** (S. 135) und das **Theater des**

Theater des Westens
Kantstr. 10–12, S- und U-Bhf. Zoologischer Garten

Westens zeugen von dieser Zeit der wilhelminischen Blüte, ebenso wie der **Reichstag** (S. 116) und die **Siegessäule** (S. 99, 137) in Tiergarten.

INFO ARCHITEKTUR

Sehnsuchtsort Altbau

Bei Wohngemeinschaften und Familien beliebt, gelten die Altbauviertel der Gründerzeit heute als Inbegriff des gelungenen Zusammenlebens in der Stadt. Das ist ganz im Sinne des Erfinders. Baurat James Hobrecht legte 1868 fest, dass in den Berliner Mietskasernen alle Schichten unter einem Dach leben sollten: In der Beletage – diese befindet sich immer im Vorderhaus in der ersten Etage – mit hohen, stuckverzierten Decken und großen Zimmern lebten die gut situierten Familien, im Hinterhaus und in den oberen Etagen die Arbeiterfamilien. Auf diese Weise sollte eine Spaltung der Gesellschaft vermieden werden. Heute sind die verbliebenen Altbauwohnungen begehrt wie nie. Doch anders als früher gelten heute die hellen Ober- und Dachgeschosse, wo einst die soziale Unterschicht hausen musste, als das Nonplusultra.

NEUE VISIONEN UND KLARE KANTE

Ende des 19. Jahrhunderts hielt auch in Berlin die Moderne Einzug in das Stadtbild. Die Architekturavantgarde verabschiedete sich vom Historismus – auch weil der technische Fortschritt neue Möglichkeiten und Materialien mit sich brachte. Architekturgrößen wie Ludwig Mies van der Rohe entwarfen abenteuerliche Konzepte (etwa für den Alexanderplatz), die jedoch größtenteils nicht realisiert wurden. Anderes wurde gebaut und prägt bis heute das Stadtbild. So schuf der jüdische Architekt Erich Mendelsohn den **Woga-Komplex** im Stil der Neuen Sachlichkeit mit einem Kino, heute Heimat der **Schaubühne**. Das **Ullsteinhaus** in Tempelhof, das **Haus des Rundfunks** und das **Shell-Haus** am Landwehrkanal sind weitere Beispiele für die neue Nüchternheit in der Architektur.

Architekt Peter Behrens war einer der Pioniere des „neuen" Bauens. Er lieferte Entwürfe für einige U-Bahnhöfe und für die ehemalige Turbinenhalle der AEG in Moabit. In seinem Büro arbeiteten spätere Legenden wie Ludwig Mies van der Rohe, Walter Gropius und Le Corbusier. Sein Kollege

Schaubühne
Lehniner Platz,
U-Bhf. Adenauerplatz

Ullsteinhaus
Mariendorfer Damm 1–3, U-Bhf. Ullsteinstraße

Haus des Rundfunks
Masurenallee 8–14,
U-Bhf. Theodor-Heuss-Platz

Shell-Haus
Reichpietschufer 60–62,
U-Bhf. Mendelssohn-Bartholdy-Park

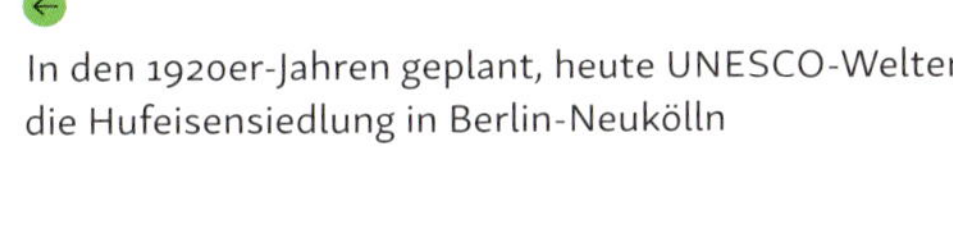

In den 1920er-Jahren geplant, heute UNESCO-Welterbe, die Hufeisensiedlung in Berlin-Neukölln

Bruno Taut zählte zu den Vordenkern des sozialen Wohnungsbaus. Er hat viele Berliner aus miefigen Hinterhöfen befreit und Wohnkomplexe mit viel Freiraum geschaffen. Sein architektonisches Meisterstück ist die **Hufeisensiedlung** in Britz, wo man heute immer noch hervorragend wohnen kann.

Hufeisensiedlung
Fritz-Reuter-Allee 48,
U-Bhf. Parchimer Allee

INFO ARCHITEKTUR

Bauhaus in Berlin

Die Bauhausschule, 1919 von Walter Gropius in Weimar gegründet, hat auch in Berlin ihre Spuren hinterlassen. Was funktional ist, ist schön, auch ohne Schnörkel – so das Motto. Kunst, Design und Handwerk sollten in der Architektur eine Einheit finden. Die Großsiedlung Siemensstadt in Spandau oder die Weiße Stadt in Reinickendorf (beide UNESCO-Welterbe) veranschaulichen, was damit gemeint war. Das Berliner Bauhaus-Archiv mit dem Museum für Gestaltung wird derzeit saniert und 2025 wieder eröffnet.

Bauhaus-Archiv
Klingelhöferstraße 13,
U-Bhf. Nollendorfplatz

GRÖSSENWAHN UND ZWEITER WELTKRIEG

Olympiastadion Berlin
Olympischer Platz 3,
S-Bhf. Olympiastadion

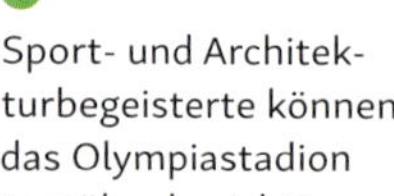

Sport- und Architekturbegeisterte können das Olympiastadion tagsüber besichtigen.

Mit der Machtübernahme der Nationalsozialisten 1933 hielt die Gigantomanie Einzug in die Stadtplanung Berlins. Mit Zwangsarbeit und Enteignung der jüdischen Bevölkerung wollte man architektonische Großprojekte realisieren. Albert Speers „Welthauptstadt Germania“ mit einem riesigen Triumphbogen und einer Kuppelhalle am Spreebogen blieb zum Glück im Planungsstadium stecken. Dennoch gibt es im heutigen Berlin ein paar Beispiele der schnörkellos klassizistischen

Das heutige Bundesfinanzministerium ist das markanteste Relikt des einstigen Regierungsviertels und mit über 2000 Räumen eines von Europas größten Bürohäusern.

Bundesfinanzministerium
Wilhelmstraße. 97, S- und U-Bhf. Potsdamer Platz

„Nazi-Architektur", so das **Olympiastadion** von 1936, das Reichsluftfahrtministerium, heute **Bundesfinanzministerium,** und der Neubau des **Flughafens Tempelhof** (S. 132), damals das größte Flughafengebäude der Welt. Die Architektur der Nationalsozialisten war radikal und sollte das Stadtbild komplett verändern, was auch passierte, aber anders als geplant: Ihr verbrecherischer Krieg führte zur totalen Zerstörung weiter Teile Berlins.

Geteilte Stadt mit modernen Visionen

Mit Ost- und Westberlin entwickelten sich im geteilten Deutschland zwei Städte, die auch architektonisch beweisen wollten, das jeweils bessere System zu repräsentieren.

Der Wedding, Mitte und Schöneberg wurden im Bombenhagel des Zweiten Weltkriegs besonders schwer getroffen. Hier waren 1945 nach Kriegsende fast 70 Prozent aller Wohnungen zerstört. Andere Bezirke wie Prenzlauer Berg kamen etwas glimpflicher davon. Dort und auch in Friedrichshain blieben viele Altbauten erhalten. Doch in der Nachkriegszeit musste so manches Gründerzeithaus der Modernisierungswelle weichen. Von den wenigen erhalten gebliebenen Häusern wurden oft die Stuckfassaden abgeschlagen – die Erhaltung der Ornamente war teuer und Stuck galt inzwischen als unmodern.

OST- UND WESTBERLIN GEHEN GETRENNTE WEGE

Nach dem **Bau der Mauer** 1961 war klar, dass der Wiederaufbau nun getrennt in Ost und West realisiert werden würde. In Ostberlin huldigte der SED-Staat dem Sozialismus: Dafür benötigte man vor allem breite Boulevards und Plätze für Aufmärsche und Paraden. Für die monumentale **Stalinallee** (heute Karl-Marx-Allee) hat man protzige Arbeiterwohnhäuser im Stil des sozialistischen Klassizismus gebaut. Das Stadtschloss, seit dem Krieg eine Ruine, wurde abgetragen und 1976 mit dem **Palast**

→ Wohnblocks aus Betonfertigbauteilen (Platten) galten als das Nonplusultra – sowohl in Ost- wie in Westberlin.

der Republik überbaut. **Plattenbauten** ersetzten rund um den Alexanderplatz über 2000 Altbauwohnungen. Platte war in: Auch in Hellersdorf und Marzahn wurde Haus um Haus aus vorgefertigten Betonplatten hochgezogen – zu besichtigen auf dem **Skywalk** im 23. Stock.

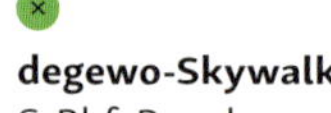

degewo-Skywalk
S-Bhf. Raoul-Wallenberg-Straße; buchen unter Tel.: 030/264 85-5000, E-Mail zkb[at]degewo.de, www.degewo.de

AUFBRUCH IN DIE MODERNE

Auch im Westen huldigte man der Beton-Moderne. Mit der **Bauausstellung Interbau 1957** wurde der Gegenentwurf zur Stalinallee geliefert. Dafür konnten Stars der Architekturszene wie Oscar Niemeyer oder Alvar Aalto ihre Hochhausvisionen verwirklichen. Ein Rundgang durch das **Hansaviertel** in Tiergarten lohnt unbedingt. Die USA stifteten den Berlinern und Berlinerinnen die **Kongresshalle** und im Westend entstand das **Corbusierhaus** mit 530 Wohnungen auf 17 Etagen.

Hansaviertel
U-Bhf. Hansaplatz; interaktiver Plan im Internet unter hansaviertel.berlin

Kongresshalle (heute Haus der Kulturen der Welt)
John-Foster-Dulles-Allee 10, U-Bhf. Bundestag

Corbusierhaus
Flatowallee 16, S-Bhf. Olympiastadion

Da durch die deutsche Teilung das ehemalige Geschäftszentrum in der Friedrichstraße für die Westberliner unerreichbar war, wurde die Gegend um den **Breitscheidplatz** (U-Bhf. Zoologischer

Die Neue Nationalgalerie gilt als eines der herausragendsten westlichen Architekturwerke des 20. Jahrhunderts.

Huthmacher-Haus
Hardenbergplatz 2

Zoo Palast
Hardenbergstraße 29a

Bikini-Haus
Budapester Straße 38–50

Garten) modernisiert: das **Huthmacher-Haus**, der **Zoo Palast**, ein Kino, und das **Bikini-Haus** zeugen davon. Auch die Museumsinsel bekam mit dem Kulturforum ein West-Gegenstück, wo mit der **Philharmonie** (S. 164) von Hans Scharoun und der **Neuen Nationalgalerie** (S. 152) von Ludwig Mies van der Rohe zwei architektonische Glanzleistungen von Weltrang entstanden.

Mitte der 1970er-Jahre, nachdem jedoch schon weite Teile der historischen Zentren Berlins zubetoniert waren, fing man endlich damit an, menschenfreundlichere Wohnviertel zu schaffen.

Bauboom nach der Wiedervereinigung

Mit dem Mauerfall und nach der deutschen Wiedervereinigung begann in der neuen alten Hauptstadt der Bundesrepublik Deutschland erneut das große Bauen.

Kurz nach der friedlichen Revolution 1989 stürzten sich die Stadtplaner auf die Freiflächen entlang des Mauerstreifens. Diesmal sollten die Fehler der Vergangenheit vermieden werden: keine Alleingänge von exzentrischen Architekten, dafür Neubauten, die sich ins Stadtbild einfügen. Binnen kürzester Zeit galt es, Bebauungspläne für des Stadtzentrum hervorzuzaubern. Dass die Bonner Parlamentarier 1991 beschlossen hatten, den deutschen Bundestag und die Bundesregierung nach Berlin zu verlegen, machte die Sache nicht leichter: Nun mussten auch Parlaments-, Regierungs- und Botschaftsgebäude mit eingeplant werden.

ZWEI PLÄTZE VOM REISSBRETT

Potsdamer Platz, Leipziger Platz
S- und U-Bhf. Potsdamer Platz

Zunächst wurde die Neugestaltung des Areals um den **Potsdamer Platz** und den **Leipziger Platz** in Angriff genommen, das 40 Jahre lang brach gelegen hatte. In kürzester Zeit wurde ein neues Viertel hochgezogen. Mit dem **Atrium Tower** (ehemals: debis-Haus) von Renzo Piano und Christoph Kohlbecker und dem **Sony Center** von Helmut Jahn ging es los. Es folgten das schicke **Beisheim Center** und weitere Hochhäuser. Vor allem der **Kollhoff-Tower** (S. 99), ein Hochhaus im Stil der 1920er-Jahre, verleiht dem Ort Charakter.

In Berlin nennt man das Bundeskanzleramt liebevoll „die Waschmaschine“ wegen der runden Bullaugen.

NEUES ZENTRUM DER MACHT

Bundeskanzleramt
Willy-Brandt-Straße 1, U-Bhf. Bundestag

Paul-Löbe-Haus
Konrad-Adenauer-Straße 1, U-Bhf. Bundestag

Marie-Elisabeth-Lüders-Haus
Adele-Schreiber-Krieger-Straße 1, U-Bhf. Bundestag

Auch die Neubebauung des Spreebogens mit dem **Bundeskanzleramt** und anderen Regierungsgebäuden musste in kürzester Zeit realisiert werden. Aus zahlreichen Entwürfen wurde die Idee von Axel Schulte und Charlotte Frank ausgewählt: ein „Gebäudeband", das zweimal die Spree überquert und so symbolisch den Osten mit dem Westen verbindet. Dieses **Band des Bundes** besteht aus dem **Bundeskanzleramt, Paul-Löbe-Haus** (Ausschüsse und Büros), dem **Marie-Elisabeth-Lüders-Steg** (Fußgängerbrücke) und dem **Marie-Elisabeth-Lüders-Haus** (Bibliothek des Deutschen Bundestages). Ursprünglich sollte der Komplex bis an den Bahnhof Friedrichstraße heranreichen, doch aus Kostengründen wurde das nicht realisiert.

Kein geringerer als Sir Norman Foster sollte den **Reichstag** (S. 116) umgestalten. Sein Entwurf sah ein riesiges Flachdach vor, das das historische Gebäude überspannen sollte. Daraus wurde bekanntlich nichts. Foster war gegen den Bau einer Kuppel, doch die Baukommission des Bundestages hatte sich durchgesetzt.

EIN NEUES SCHLOSS, EINE INSEL UND EINE ALLEE UNTER LINDEN

2003 beschloss der Deutsche Bundestag, den asbestverseuchten **Palast der Republik** abreißen zu lassen, der zu DDR-Zeiten auf den Ruinen des **Berliner Stadtschlosses** gebaut worden war. Der Architekt Franco Stella bekam den Auftrag für den Wiederaufbau: Er rekonstruierte die Kuppel nach altem Vorbild, behielt drei Fassadenseiten im barocken Stil bei, verpasste der Spreefassade jedoch ein modernes Kleid. Heute befindet sich im neuen alten Schloss das Humboldt Forum (S. 140).

Für den Wiederaufbau des **Neuen Museums** (S. 109) auf der **Museumsinsel** lieferte David Chipperfield den Entwurf. Hinzu kam 2018 seine **James-Simon-Galerie**

→ Drei Seiten der ursprünglichen Fassade des Stadtschlosses wurden aufwendig rekonstruiert, die zur Spree hin gelegene Seite ist modern gestaltet.

↑ Spannender Kontrast: Die gläserne Fassade der Akademie der Künste und das historische Adlon Hotel

(Bodestraße), ein neues zentrales Eingangsgebäude für den Museumsinsel-Komplex zwischen Kupfergraben und Neuem Museum – ein moderner Säulenwald. Auch abseits der großen Baustellen wurde in Berlins Mitte nach der Wiedervereinigung rasant gebaut. Am **Gendarmenmarkt** und in der **Friedrichstraße** entstanden ganze Häuserblocks neu. Auch der Pariser Platz bekam mit dem Neubau des **Hotel Adlon** und der gläsernen **Akademie der Künste** ein neues Gesicht. Eine riesige Baustelle ist momentan noch der Matthäikirchplatz vor dem Berliner Kulturforum. Hier entsteht das in Berlin äußerst umstrittene Museum der Moderne nach Plänen des Architekturbüros Herzog & de Meuron.

BERLIN WILL HOCH HINAUS

Die **City West** geriet während des Baubooms in der wiedergewonnenen Mitte der Stadt ein wenig in Vergessenheit. Doch heute ist die Gegend um den **Breitscheidplatz** (U-Bhf. Zoologischer Garten) wieder zu neuem Leben erwacht, auch architektonisch. Viele der Gebäude, die während der Teilung der

Zoofenster
Kantstraße 1, U-Bhf. Zoologischer Garten

Upper West Tower
Kantstraße 156, U-Bhf. Zoologischer Garten

Europa-Center
Tauentzienstraße 9–12, U-Bhf. Zoologischer Garten

EDGE East Side Berlin
Tamara-Danz-Straße 11, S- und U-Bhf. Warschauer Straße

Mercedes-Benz Arena
Mercedes-Platz 1, S- und U-Bhf. Warschauer Straße

Stadt neu hinzugekommen waren, werden nun abgerissen und überbaut. So entsteht am alten Ku'damm-Eck das neue **Quartier Fürst** mit einem 102 Meter hohen Turm. Schon fertig sind das **Zoofenster** mit dem Hotel **Waldorf Astoria** am Breitscheidplatz und direkt daneben der Büroturm **Upper West Tower**. Mit 118 Metern Höhe bilden die beiden Türme ein gewaltiges Tor zur Kantstraße. Weitere Hochhäuser sind in Planung, so soll über dem **Europa-Center** ein 300 Meter hoher Komplex entstehen.

Alle Anwohnerproteste halfen nichts. Ein dunkler Büroturm wurde auch ans Spreeufer an der Warschauer Brücke in Friedrichshain gepflanzt: Mit 140 Metern ist das **EDGE East Side Berlin** eines der höchsten Neubaugebäude der Stadt, das nach seinem Hauptmieter auch **Amazon Tower** genannt wird. Dieses moderne Bürohochhaus setzt dem neu entstandenen Geschäftsviertel um die **Mercedes-Benz Arena** nun die Krone auf.

Der Upper West Tower überragt die Gedächtniskirche. Mit seinen 118 Metern ist er einer der höchsten Gebäude der Stadt.

5

INSIDERTIPP

Berlin von oben

Der architektonische Flickenteppich der deutschen Hauptstadt lässt sich am schönsten von einem der vielen Aussichtspunkte betrachten – aus der Vogelperspektive.

1 BERLINER FERNSEHTURM

Sozusagen die Mutter aller Aussichtspunkte ist die Panoramaetage im Fernsehturm (S. 120), dem höchsten Bauwerk Deutschlands. Vom Drehrestaurant in der Kugel aus lässt sich die Stadt gemütlich bestaunen.

Panoramastraße 1A, S- und U-Bhf. Alexanderplatz

2 TOP OF BERLIN: KREUZBERG

Mit einem netten Spaziergang erreichbar ist dagegen der „Gipfel" des Kreuzbergs im Viktoriapark. Oben angekommen wird man mit einem herrlichen Blick über die Stadt belohnt.

Am Weinhang 1, U-Bhf. Dudenstraße

3 HUMBOLDT FORUM

Nicht so hoch, dafür mitten im historischen Berlin bietet die Dachterrasse des Humboldt Forums beste Aussichten auf die Museumsinsel.

Schlossplatz 1, U-Bhf. Museumsinsel

4 KOLLHOFF-TOWER

Wer aus der Vogelperspektive die spektakuläre Architektur am Potsdamer Platz betrachten will, kann mit dem schnellsten Fahrstuhl Europas auf das Dach des Hochhausturms gelangen.

Potsdamer Platz 1, S-Bhf. Potsdamer Platz

5 SIEGESSÄULE

Ein echter Klassiker im alten Westteil der Stadt ist die 67 Meter hohe Siegessäule, auf deren Spitze die „Goldelse" balanciert. Für die 285 Stufen hinauf auf die Aussichtsplattform ist allerdings Kondition gefragt. Einen Aufzug gibt es nicht.

Großer Stern 1, U-Bhf. Hansaplatz

DIE BUCKETLIST

Berlins futuristische Architekturideen

Sehenswert schräge Bauwerke von Brutalismus bis Pop-Art

1 JÜDISCHES MUSEUM

Wie ein kantiges Ufo mutet Daniel Libeskinds Museumsbau neben dem alten Kollegienhaus in der Lindenstraße an.

Lindenstraße 9–14, U-Bhf. Hallesches Tor

2 WOHNHAUS L40

Auf manchen Passanten vielleicht etwas bedrohlich wirkt das schwarze Haus an der Ecke Linienstraße und Rosa-Luxemburg-Straße, auch „Black-Maze-Building“ genannt.

Linienstraße 40, U-Bhf. Rosa-Luxemburg-Platz

3 INTERNATIONALES CONGRESS CENTRUM BERLIN

Mit seiner Aluminiumhaut steht das ICC Berlin unter Denkmalschutz. Doch wegen der hohen Betriebskosten wird es nicht mehr genutzt. Zuletzt diente es als Unterkunft für geflüchtete Menschen.

Messedamm 22, S-Bhf. Messe Süd

4 BIERPINSEL

Pop-Art-Architektur in Steglitz: 1976 wurde dieser Restaurantturm in die Welt gesetzt. 2010 durften Streetart-Künstler das heute verwaiste Gebäude bemalen.

Schlossstraße 17, U-Bhf. Schlossstraße

5 THE CUBE

Dieses Bürohaus verändert sich je nach Blickwinkel. Der Glaswürfel vor dem Hauptbahnhof zählt zu den beliebtesten Instagram-Motiven der Stadt.

Washingtonplatz 3, S-Bhf. Hauptbahnhof

6 UMLAUFTANK 2

Pop-Art-Architektur für die TU Berlin: In der Rosa Röhre versteckt sich der Strömungsumlaufkanal der Versuchsanstalt für Wasserbau und Schiffbau. Echt schräg.

Schleuseninsel, S-Bhf. Tiergarten

4

1

5

6

DAS INTERVIEW

Architektur lässt niemanden kalt

„Eine Stadt zu definieren, heißt auch, die eigene Agenda zu stärken. Es ist ein Machtspiel: Wem gehört die Stadt jetzt?“

Berlin hat im Laufe der Stadtentwicklung viele architektonische Highlights hervorgebracht. Welches Gebäude hat Kai am meisten beeindruckt?

Was ist für dich das bedeutendste architektonische Wahrzeichen Berlins?

KAI Ich glaube, das Stadtschloss spiegelt die verrückte Geschichte Berlins am besten wider. Das, was wir heute sehen, ist allerdings eine Nachbildung. In der DDR wurde alles abgelehnt, was mit Monarchie zu tun hat. Also sagten sie: „Okay, lasst uns auf den Ruinen des Schlosses etwas Neues bauen – unseren Palast der Republik.“ Nach langem Hin und Her sehen wir heute nahezu den alten Prachtbau, der – natürlich etwas modifiziert – wieder errichtet wurde.

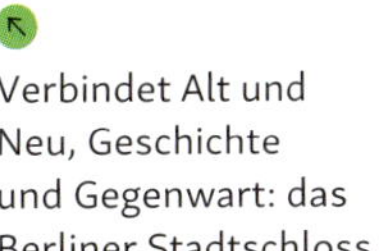

Verbindet Alt und Neu, Geschichte und Gegenwart: das Berliner Stadtschloss.

The Story of Berlin

GESCHICHTE AUF SCHRITT UND TRITT

Berlin ist noch jung und hat dennoch so viel erlebt wie kaum eine andere Metropole. Überall stolpert man über stille Zeitzeugen. Doch hier wird nicht nur Geschichte aus längst vergangenen Tagen geboten, sondern auch ganz viel Gegenwart. Die lebendige Vielfalt verdankt Berlin mit seinen heute 3,7 Millionen Einwohnerinnen und Einwohnern auch der Tatsache, dass es zwölf Bezirke umfasst – jeder einzelne eine Stadt in der Stadt.

Unter den Linden und Umgebung

Vom Pariser Platz über den Boulevard Unter den Linden bis ins Zentrum der ehemaligen Preußenmetropole reihen sich viele der spektakulärsten Sehenswürdigkeiten Berlins aneinander.

Neue Wache
Unter den Linden 4,
U-Bhf. Unter den Linden

Deutsches Historisches Museum und Zeughaus
beide Unter den Linden 2, U-Bhf. Unter den Linden

Das Zeughaus ist das älteste und eines der schönsten Gebäude Unter den Linden.

Hinter dem Pariser Platz geht es zunächst vorbei an Botschaftsgebäuden und einigen Touristenfallen, wie Souvenirshops und kommerziellen Museen. Das Reiterstandbild Friedrichs des Großen markiert den Beginn eines beeindruckenden Gebäudeensembles: zur Linken mit der **Humboldt-Universität,** der Gedenkstätte für die Opfer von Krieg und Gewaltherrschaft **Neue Wache**, dem **Zeughaus** und dem **Deutschen Historischen Museum** und zur Rechten mit der **Staatsoper** und dem **Bebelplatz,** auf dem am 10. Mai 1933 Studenten,

Prinzessinnenpalais und Kronprinzenpalais
beide Unter den Linden 3, U-Bhf. Museumsinsel

Palais Populaire
Unter den Linden 5, U-Bhf. Museumsinsel

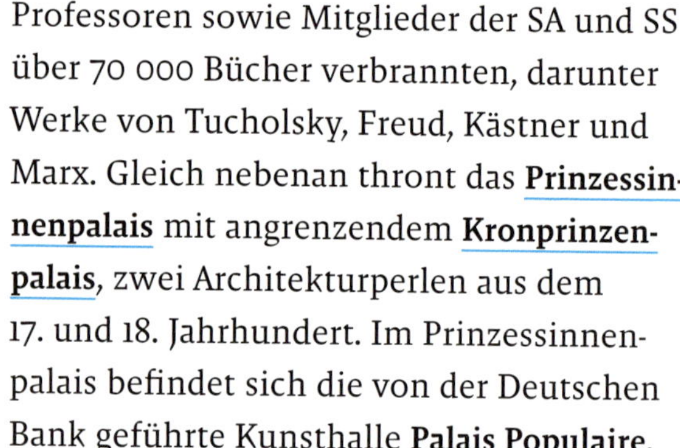

Professoren sowie Mitglieder der SA und SS über 70 000 Bücher verbrannten, darunter Werke von Tucholsky, Freud, Kästner und Marx. Gleich nebenan thront das **Prinzessinnenpalais** mit angrenzendem **Kronprinzenpalais**, zwei Architekturperlen aus dem 17. und 18. Jahrhundert. Im Prinzessinnenpalais befindet sich die von der Deutschen Bank geführte Kunsthalle **Palais Populaire.**

Museumsinsel
Seit 1999 UNESCO-Welterbe im Herzen der Stadt.

Lustgarten
Unter den Linden 1, U-Bhf. Museumsinsel

Berliner Dom
Am Lustgarten, U-Bhf. Museumsinsel

Altes Museum
Bodestraße 1–3, U-Bhf. Museumsinsel

BRÜCKE INS HERZ DER KUNST- UND KULTURGESCHICHTE

Über die **Schlossbrücke** geht es auf der **Museumsinsel** weiter mit dem Preußen-Prunk, immerhin zählt das folgende Gebäudeensemble zum Weltkulturerbe! Links breitet sich der **Lustgarten** aus, eine große Freifläche zum Ausruhen und Architekturgenießen. Einst ließ hier der Preußenkönig Friedrich II. Kartoffeln anbauen, heute gruppieren sich um die Wiese der **Berliner Dom**, der klassizistische Bau des **Alten Museums** voller antiker Kunstschätze und auf der anderen Straßenseite der Neubau des Stadtschlosses mit dem **Humboldt Forum** (S. 140). Die

Der Lustgarten ist einer der schönsten Orte für ein Picknick mit spektakulärer historischer Kulisse.

Rekonstruktion des alten Berliner Schlosses, ursprünglich von Friedrich I. in Auftrag gegeben, sorgte für jahrelange Kontroversen. Heute beherbergt der Bau unter anderem das **Ethnologische Museum** und das **Museum für Asiatische Kunst.** Hinter dem alten Museum warten noch weitere Museumsschwergewichte wie das **Neue Museum**, mit der Büste der Nofretete und das **Bode-Museum** auf Besucher – definitiv zu viel zum Schauen für nur einen Sightseeing-Tag!

Das **Pergamonmuseum** mit dem Ischtar-Tor wird seit Oktober 2023 umfassend saniert und ist leider für lange Zeit gar nicht oder nur sehr begrenzt zugänglich.

Neues Museum
Bodestraße 1–3,
U-Bhf. Museumsinsel

Bode-Museum
Am Kupfergraben,
U-Bhf. Museumsinsel

Pergamonmuseum
Bodestraße 1–3,
U-Bhf. Museumsinsel

GENDARMENMARKT UND FRIEDRICHSTRASSE

Südwestlich des Bebelplatzes, abseits der Prachtstraße Unter den Linden, breitet sich wohl einer der schönsten Plätze der Stadt aus: der **Gendarmenmarkt** (U-Bhf. Hausvogteiplatz), der sich leider bis mindestens Ende 2024 als Großbaustelle präsentiert. Hier befinden sich das grandiose, von Karl Friedrich Schinkel entworfene **Konzerthaus**, der **Französische** und der **Deutsche Dom.** Letzterer beherbergt eine etwas verwaiste Ausstellung des Bundestages zum Parlamentarismus. Ihr könnt ruhig reinschauen, der Eintritt ist frei.

Quartier 206/207
Friedrichstraße 78,
S- und U-Bhf.
Friedrichstraße

Hinter dem Konzerthaus grenzen die **Friedrichstadtpassagen** und das **Quartier 206/207** an den Platz, unter anderem mit der piekfeinen Feinkostabteilung des **Kaufhauses Lafayette.** Verlasst ihr die Passagen auf der Westseite, könnt ihr über die traditionsreiche Friedrichstraße flanieren – ob sie zwischen Leipziger und Französischer Straße wieder autofrei werden wird, ist ungewiss. Dieser Streit zwischen den anliegenden Unternehmen und Umweltschützern schwelt weiter.

Dussmann das KulturKaufhaus
Friedrichstr. 90, Bücher und Musik auf über 7000 m², S- und U-Bhf. Friedrichstraße

Tränenpalast
Reichstagsufer 17, S- und U-Bhf. Friedrichstraße

Der 1962 erbaute Tränenpalast steht heute unter Denkmalschutz.

Folgt ihr der Straße nach rechts – also nach Norden – kreuzt sie den Boulevard Unter den Linden und führt vorbei am Kulturkaufhaus **Dussmann** bis zum S- und U-Bahnhof Friedrichstraße. Hier lohnt ein Blick in den **Tränenpalast**. In der Ausreisehalle des alten Grenzübergangs Bahnhof Friedrichstraße zwischen Ost- und Westberlin mussten sich in der Zeit der geteilten Stadt Menschen oft für immer von ihren Angehörigen verabschieden, daher der Name. Eine Ausstellung (Eintritt frei) informiert über die Geschichte des Ortes.

DB

Potsdamer Platz und Umgebung

Wie Phönix aus der Asche ist der zentrale Platz auf dem ehemaligen Mauerstreifen nach der Wiedervereinigung zu neuem Leben erwacht – ein Muss für alle Berlinbesuche.

Museum für Film und Fernsehen
Potsdamer Straße 2, S- und U-Bhf. Potsdamer Platz

Am **Potzdamer Platz** erinnert nur noch ein in den Boden eingelassener Metallstreifen an den Verlauf der Mauer.

Der Platz selbst ist absolut sehenswert. In den Häuserschluchten rund um den Bahn- und Atrium-Tower kommt fast Manhattan-Feeling auf. Auch einen Blick in den Hof des **Sony Center** zu werfen, lohnt sich: Die Überdachung, die an den Fudschijama erinnern soll, ist Geschmackssache, aber eine wahre Ingenieursleistung. Für Cineasten ist der Besuch des **Museums für Film und Fernsehen** interessant.

Unmittelbar östlich der Straßenkreuzung am Potsdamer Platz liegt der **Leipziger Platz.** Das achteckige Areal wurde wie sein

Nachbar im Zweiten Weltkrieg praktisch völlig dem Erdboden gleichgemacht und erst nach der Wiedervereinigung wieder neu bebaut. Heute findet ihr hier das **Deutsche Spionagemuseum** (S. 140) und ein Stück weiter die Leipziger Straße hinunter die beliebte **Mall of Berlin.**

Mall of Berlin
Leipziger Platz 12,
S- und U-Bhf.
Potsdamer Platz

HOCHKARÄTIGE KUNST UND KULTUR

Westlich vom Potsdamer Platz liegt das **Kulturforum** mit einigen sensationellen Museen sowie der von Hans Scharoun entworfenen **Philharmonie** (S. 164) und seiner Staatsbibliothek. Unbedingt einen Besuch wert ist die **Neue Nationalgalerie** (S. 152), ein architektonisches Ausrufezeichen von Ludwig Mies van der Rohe, das in seiner Schlichtheit einfach umwerfend ist. Gezeigt werden wechselnde Ausstellungen mit Werken der Moderne. Gemälde von Weltrang aus dem 13. bis zum 18. Jahrhundert könnt ihr in der **Gemäldegalerie** nebenan bewundern. Ebenfalls gut für Regentage sind das **Kunstgewerbemuseum** und das **Musikinstrumenten-Museum** neben der Philharmonie.

Gemäldegalerie
Matthäikirchplatz,
S- und U-Bhf.
Potsdamer Platz

Kunstgewerbemuseum
Matthäikirchplatz,
S- und U-Bhf.
Potsdamer Platz

Musikinstrumenten-Museum
Ben-Gurion-Straße,
S- und U-Bhf.
Potsdamer Platz

KUNST, GESCHICHTE, POLITIK

Dokumentationszentrum Topographie des Terrors
Niederkirchnerstraße 8,
S- und U-Bhf.
Potsdamer Platz,
Eintritt frei

Außen modern, innen Kunst der alten Meister. Die Gemäldegalerie des **Kulturforums** ist nicht nur an Regentagen interessant.

Südöstlich vom Potsdamer Platz verläuft die Niederkirchnerstraße mit dem Gropius-Bau, dem **Berliner Abgeordnetenhaus** und einem sehenswerten Dokumentationszentrum. Der **Gropius-Bau** (S. 152) zählt zu den ersten Adressen der Stadt für renommierte zeitgenössische Kunst. Daneben findet ihr das **Dokumentationszentrum Topographie des Terrors.** Hier befanden sich die Haupteinrichtungen des NS-Terrors ab 1933 und die Zentrale der Gestapo. Ein Besuch ist alles andere als ein

Vergnügen, aber beeindruckend! Dort, wo die Niederkirchnerstraße auf die Wilhelmstraße trifft und zur Friedrichstraße führt, wird's kommerziell. Currywurstbuden, Trabbi-Vermietung und der ehemalige DDR-Grenzposten, im Westen **Checkpoint Charlie** genannt: Hier findet ihr überteuerte Ausstellungen und Touri-Attraktionen. Lohnender ist dagegen ein Besuch im **Jüdischen Museum** (S. 140) und im gegenüberliegenden Kindermuseum **Anoha** mit der Arche-Noah-Themenwelt.

Anoha
Fromet-und Moses-Mendelssohn-Platz 1,
U-Bhf. Hallesches Tor

Besichtigung des Reichstagsgebäudes

Ein spontaner Besuch des Reichstags ist nicht möglich. Aber die Anmeldung über die Website des **Bundestags** (mindestens zwei Wochen im Voraus) ist easy. Zur Auswahl stehen der Besuch der Kuppel mit Aussicht über das Regierungsviertel und verschiedene Führungen. Alle Angebote sind kostenlos. Anschließend bietet sich ein Besuch im Restaurant **Zollpackhof** an, mit Biergarten und Blick aufs Kanzleramt.

Deutscher Bundestag
Platz der Republik 1,
U-Bhf. Bundestag,
www.bundestag.de/besuch/anmeldung

Zollpackhof
Elisabeth-Abegg-Straße 1,
U-Bhf. Bundestag, €€

In der Vergangenheit einer der bekanntesten Grenzübergänge in Berlin: **Checkpoint Charlie**

BRANDENBURGER TOR UND PARISER PLATZ

Nur eine Viertelstunde zu Fuß vom Leipziger Platz entfernt liegt der Pariser Platz mit dem Brandenburger Tor. Der Spaziergang führt vorbei am **Denkmal für die ermordeten Juden Europas.** Die Freifläche mit über 2700 Betonstelen und ein unterirdischer „Ort der Information“ erinnern an die über sechs Millionen jüdischen Opfer des Holocaust. Ein Platz zum Innehalten und Gedenken.

Denkmal für die ermordeten Juden Europas
Cora-Berliner-Straße 1, S- und U-Bhf. Brandenburger Tor

Direkt dahinter, am Pariser Platz, erhebt sich das **Brandenburger Tor.** Und wer Lust hat, mondän Kaffee zu trinken, kann im **Hotel Adlon** Platz nehmen. Mit Glück seht ihr einen Promi, die oft hier logieren.

Hotel Adlon
Unter den Linden 77, S- und U-Bhf. Brandenburger Tor

park inn

Vom Alex zum Prenzlauer Berg

Berliner Kontraste, wie sie schöner nicht sein könnten: nüchterne DDR-Platten rund um den zugigen Alexanderplatz, gleich daneben Gründerzeitcharme im gemütlichen „Prenzelberg".

Östlich der Museumsinsel beginnt architektonisches Stückwerk: Seit Jahrzehnten ist das Areal um den Alexanderplatz – der die historische Mitte Berlins markiert – Gegenstand hitziger Debatten. Zukunftsweisende Architekturentwürfe, Politik und Bürgerinitiativen, die darüber streiten, was schön ist und was nicht – lange herrschte daher Stillstand. Doch bald werden hier Wolkenkratzer aus Glas und Stahl entstehen. Bleiben wird der Platz als Verkehrsknotenpunkt, den Tausende auf dem Weg zur Arbeit täglich passieren.

Der **Berliner Fernsehturm** am Alexanderplatz – eine bessere 360°-Aussicht gibt es nirgendwo.

VOM ALEX ZUM NIKOLAIVIERTEL

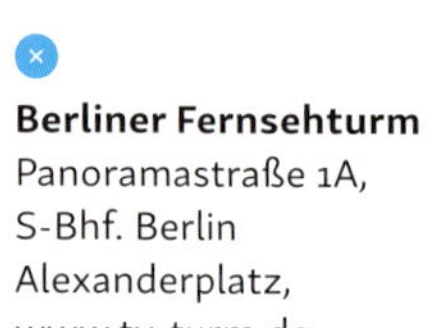

Berliner Fernsehturm
Panoramastraße 1A,
S-Bhf. Berlin
Alexanderplatz,
www.tv-turm.de

In unmittelbarer Nähe des Alexanderplatzes über dem Park am Fernsehturm thront der 368 Meter hohe **Berliner Fernsehturm** mit seiner markanten Turmkugel. Das bis heute höchste Bauwerk Deutschlands ist den Berlinerinnen und Berlinern ein praktischer Orientierungspunkt und gehört für viele Touristinnen und Touristen zum Pflichtprogramm. Eine Fahrt mit dem Aufzug hinauf zur Aussichtsetage, die einen atemberaubenden Blick über die ganze Stadt bietet, sollte sich niemand entgehen lassen!

Die große Freifläche südwestlich des Turms war dicht bebaut, bevor der Bombenhagel des Zweiten Weltkriegs das ganze Viertel dem Erdboden gleichgemacht hat. Heute stehen hier – im Schatten der DDR-Hochhäuser – nur noch zwei historische Sehenswürdigkeiten: der neobarocke **Neptunbrunnen,** der einst den Vorplatz des alten Stadtschlosses (siehe Humboldt Forum, S. 140) schmückte, und die **Marienkirche**, eines der ältesten noch erhaltenen Bauwerke Berlins, das allerdings im 18. Jahrhundert im Stil der Neogotik umgestaltet wurde.

Marienkirche
Karl-Liebknecht-Str. 8,
U-Bhf. Rotes Rathaus

Rotes Rathaus
Rathausstraße 15,
U-Bhf. Rotes Rathaus

Südlich des Fernsehturms flankiert das **Rote Rathaus** die große Freifläche. Der Backsteinbau, von 1861 bis 1869 errichtet, ist Sitz des Regierenden Bürgermeisters und des Berliner Senats. Der Name des Gebäudes bezieht sich allein auf die rote Ziegelfassade, nicht etwa auf politische Färbungen.

INFO HOTSPOTS

Oase der Ruhe

Nikolaikirche
Nikolaikirchplatz,
U-Bhf. Rotes Rathaus

Hinter dem Roten Rathaus versteckt sich das „historische" Nikolaiviertel – das allerdings nicht wirklich alt ist. Denn auch das älteste Viertel Berlins wurde im Zweiten Weltkrieg völlig zerbombt. Erst anlässlich der 750-Jahr-Feier der Stadt, Ende der 1980er-Jahre, ließ die SED-Führung der DDR das Viertel nach historischem Vorbild wieder errichten – auf mittelalterlichem Grundriss, aber in Plattenbauweise. In seinem Zentrum steht die **Nikolaikirche**, deren Fundamente aus dem 13. Jahrhundert stammen – wahrscheinlich die älteste Bausubstanz der Stadt.

HACKESCHER MARKT UND UMGEBUNG

Zehn Minuten vom Alexanderplatz entfernt taucht ihr ein in ein Stück Altberlin. Die Gegend westlich der Rosenthaler Straße und des **Scheunenviertels** war einst das Armen-

Das jüdische Viertel

Ein Blickfang in der Oranienburger Straße 28 ist die Neue Synagoge mit ihrer vergoldeten Kuppel. Bei ihrer Einweihung 1866 galt sie als eine der größten Synagogen Europas. 1943 im Bombenhagel zerstört, wurde sie in den 1990er-Jahren detailreich wieder errichtet. Eine Ausstellung im Inneren informiert über das Leben im jüdischen Viertel und die Verbrechen an den Juden und der jüdischen Gemeinde in Berlin. In der Großen Hamburger Straße finden sich weitere Zeugnisse jüdischen Lebens: 1993 wurde hier das Jüdische Gymnasium Moses Mendelssohn wiedereröffnet das an dieser Stelle bereits seit 1778 bestand, und während der NS-Herrschaft zwischen 1942 bis 1945 die Deportations-Sammelstelle wurde. Etwa 55 000 Berliner Juden wurden von hier aus in Konzentrationslager verschleppt. Daneben liegt der ehemalige Jüdische Friedhof – mit einem einzigen symbolischen Grabstein.

Das **Haus Schwarzenberg** lädt ein zu einer Zeitreise in das alte Berlin der 90er Jahre. Eine Oase zwischen modernen Coffeshops und Boutiquen.

haus Berlins. Heute gilt diese Gegend sowie das jüdische Viertel (S. 122) als der älteste historische Teil der Stadt. Ein Spaziergang durch die Straßen mit sanierten Häusern, in denen sich Geschäfte, Restaurants und Kneipen aneinanderreihen, lohnt sich.

Hackesche Höfe
Rosenthaler Str. 40,
S-Bhf. Hackescher Markt

Gegenüber vom S-Bahnhof Hackescher Markt befindet sich mit den **Hackeschen Höfen** ein städtebauliches Schmuckstück: Der prachtvoll sanierte Gebäudekomplex von 1906 mit acht aufeinanderfolgenden Innenhöfen und Jugendstilfassaden lockt heute mit einem Theater, Kino, Restaurants, Cafés und Geschäften. Nebenan ist im **Haus Schwarzenberg** der alternative Gegenentwurf erhalten geblieben: ein Stück unaufgeräumtes Berlin der 1990er-Jahre mit Galerien, Ateliers und Streetart.

Haus Schwarzenberg
Rosenthaler Str. 40,
S-Bhf. Hackescher Markt

Monbijoupark
Oranienburger Straße, S-Bhf. Oranienburger Straße

Im nahe gelegenen **Monbijoupark** an der Oranienburger Straße könnt ihr, im Liegestuhl und mit einem Drink in der Hand, den Blick auf die Spree genießen. Diese Straße war nach dem Mauerfall ein Zentrum des Nachtlebens und der Kunstszene, heute ist davon nicht mehr viel übrig: Die Häuser sind renoviert, kleine Geschäfte, Cafés und Restaurants prägen das Bild. Das Künstlerprojekt Tacheles musste dem Quartier Tacheles mit Luxuswohnungen und Büros weichen. Doch lohnt ein Spaziergang über die Flaniermeile, vor allem wenn ihr in die Nebenstraßen schaut: In dem Dreieck zwischen Torstraße, Rosenthaler Straße und Oranienburger Straße gibt es Cafés, Galerien und Gebäude zu entdecken, wie etwa die barocke **Sophienkirche** mit ihrem hübschen Kirchhof.

Sophienkirche
Große Hamburger Straße 29–30, U-Bhf. Weinmeisterstraße

Prenzlauer Berg und Umgebung

Die Gründerzeit-Altbauten im „Prenzelberg", heute ein Teil des Bezirks Pankow, haben die Luftangriffe vergleichsweise glimpflich überstanden. Zu DDR-Zeiten war die alte Bausubstanz im **Kollwitz-** und **Helmholtzkiez** sowie im **Wins-** und **Bötzowviertel** jedoch weitgehend dem Verfall preisgegeben. Nach der Wende entwickelte sich der „wilde Osten" Berlins zum Szenebezirk.

Inzwischen ist die Party längst weitergezogen und der Prenzelberg gehört heute zu den begehrtesten Wohngegenden der Stadt. Doch noch immer kann man abends am **Zionskirchplatz,** in der **Kastanienallee** oder am **Kollwitzplatz** um die Häuser ziehen oder bis abends frühstücken.

Einen Rundgang startet ihr am besten am **U-Bahnhof Eberswalder Straße.** Von hier geht es südöstlich vorbei an der **Kulturbrauerei**, wo Filmpremieren und Partys stattfinden, über den **Kollwitzplatz**, der samstags zum Wochenmarkt immer einen Besuch wert ist, bis zum ältesten **Wasserturm Berlins**.

Sonntags lohnt ein Abstecher in den **Mauerpark,** der großen grünen Spielwiese des Bezirks westlich der Schönhauser Allee. Dann findet hier ein sehr beliebter Flohmarkt (S. 139) statt. Nicht weit vom Mauerpark und unbedingt sehenswert ist die **Gedenkstätte Berliner Mauer**: Hier findet ihr auf 1,4 Kilometer Länge Mauerreste mit original erhaltenen Grenzanlagen und Ausstellungen zur Teilung Berlins.

Kulturbrauerei
Schönhauser Alle 36,
U-Bhf. Senefelder Platz

Wasserturm Berlin
Knaackstraße 23,
U-Bhf. Senefelder Platz

Mauerpark
Zwischen Eberswalder Straße und Gleimstraße,
U-Bhf. Eberswalder Straße

Gedenkstätte Berliner Mauer
Bernauer Straße 111,
U-Bhf. Bernauer Straße

Frankfurter Tor
8a-9

Friedrichshain, Kreuzberg, Neukölln

Vom wilden Osten und heutigen Szeneviertel im Simon-Dach-Kiez über die Oberbaumbrücke ins multikulturelle Herz der Stadt.

Steigt ihr gegen Abend in die Tram M10 Richtung Friedrichshain-Kreuzberg, wird schnell klar, wohin die Reise geht: Neben müden Malochern und Büromenschen sind Nachtschwärmer dahin unterwegs, wo sich die Kneipen- und Musikszene befindet. Trotz Gentrifizierung haben sich die Ausgehzentren in Kreuzberg (ehemals Westberlin) und Friedrichshain (ehemals Ostberlin) ihren ursprünglichen Charakter bewahrt.

Am Frankfurter Tor trifft die **Karl-Marx-Allee** auf die Warschauer Straße. Dort, in Friedrichshain, ist viel von der DDR-Bausubstanz erhalten geblieben.

Die beiden 1957–1961 erbauten zehngeschossigen Türme des **Frankfurter Tors** dienen auch heute noch als Wohnhäuser.

DDR-POMP UND „BOXI“-ROMANTIK

Der ehemalige sozialistische Vorzeige-Boulevard protzt mit Häuserreihen im neoklassizistischen Stil, die einen Hauch von Moskau versprühen. Doch schon wenige hundert Meter weiter wartet ein buntes Kneipenviertel. Das Areal um den **Boxhagener Platz,** östlich der Warschauer Straße, ist Wohnviertel und Partymeile. Vor allem, wenn am Sonntag die Floh-

markthändler ihre Tische auf dem „Boxi" aufstellen, tobt hier das Leben. Im Süden wird der Kiez von der Revaler Straße begrenzt, wo das **RAW-Gelände** (S. 155) mit alten Reichsbahn-Werkshallen viel Platz für alternative Kultur, Kneipen, Streetfood und Klubs bietet.

Wer von hier aus dem Menschenstrom über die **Warschauer-Brücke** zum **S- und U-Bahnhof Warschauer Straße** folgt, kann einen wahrhaft urbanen Weitblick auf das Berliner Zentrum genießen. Auf der anderen Seite erreicht die M10 ihre Endhaltestelle. Wer weiter nach Kreuzberg will, steigt um in die U1 oder geht einfach zu Fuß über die **Oberbaumbrücke**, sicher eine der schönsten Spreebrücken Berlins und beliebter Treffpunkt für Straßenmusiker, Obdachlose und Sonnenuntergangs-Anbeterinnen.

Doch bevor es weitergeht, werfen wir noch einen Blick auf eine der Top-Sehenswürdigkeiten Berlins, die **East Side Gallery**. Das 1,3 Kilometer lange Stück Berliner Mauer wurde nach 1989 von Kunstschaffenden bemalt. Für einen Spaziergang entlang des bunten Mahnmals und ein Selfie vor dem berühmten „Bruderkuss" von Dimitri Wrubel sollte Zeit sein.

East Side Gallery
Mühlenstraße 3–100,
S- und U-Bhf.
Warschauer Straße

Graffiti, Zeitzeuge und Kunstobjekt. Der Bruderkuss auf dem letzten Stück **Berliner Mauer** ist weltbekannt.

KREUZBERG

Hinter der Oberbaumbrücke beginnt Kreuzberg, das während der Teilung ein Mauerblümchendasein führte und dadurch viel Raum für alternative Lebensformen ließ. Heute liegt es im Zentrum und inzwischen haben Immobilienspekulanten die lange vernachlässigte Gegend für sich entdeckt.

Doch besonders der Kiez SO36 (benannt nach dem alten Postzustellbezirk) mit der **Oranienstraße** und dem **Kottbusser Tor** ist chaotisch und bunt, aber auch rau geblieben. Kneipen, Supermärkte und Restaurants, die nur morgens kurz zum Durchfegen schließen, Junkies auf der Straße, Hipster mit Eigentumswohnung, Familien mit Lastenrädern – hier wird jedes Klischee bedient und irgendwie funktioniert der Mix ziemlich entspannt.

Weiter westlich heißt Kreuzberg „61". Hier im **Bergmannkiez** mit der **Marheineke Markthalle** (S. 63) und dem schönen **Chamissoplatz** wirkt Kreuzberg mit den wunderschön sanierten Gründerzeitbauten und Restaurantschiffen am Landwehrkanal deutlich aufgeräumter.

ARBEITERBEZIRK UND SZENEKIEZ

Kottbusser Damm und Landwehrkanal bilden die Trennlinien zwischen Kreuzberg und Neukölln. In „Kreuzkölln“, wie der **Reuterkiez** zwischen Kanal und Sonnenallee auch genannt wird, haben sich amerikanische und spanische Expats niedergelassen, nicht wenige eröffneten Kneipen und Bars. Mittlerweile gehört Neukölln zu den Top-Ausgehvierteln in Berlin. Doch auch tagsüber ist einiges geboten: Dienstags und freitags erwacht das Maybachufer mit dem **türkischen Markt** zum Leben, und an jedem zweiten Samstag werden auf dem **Nowkoelln Flowmarkt** (S. 139) Vintage-Klamotten und bestes Streetfood feilgeboten.

↓ Die unterschiedlichen Türme der **Oberbaumbrücke** zieren der Berliner Löwe und der Brandenburgische Adler.

Tempelhofer Feld
Platz der Luftbrücke 5, U-Bhf. Platz der Luftbrücke; Führungen unter thf-berlin.de

ROSINENBOMBER UND FREIHEIT

Berlin verfügt über außergewöhnlich viele Grünflächen: Die größte unbebaute Fläche mitten in der Stadt ist das 355 Hektar große Gelände des ehemaligen **Flughafens Tempelhof**, heute Spielwiese der Berlinerinnen und Berliner: Die Rollfelder, auf denen in der Zeit der Berliner Luftbrücke die Rosinenbomber landeten, um das auf dem Landweg abgeschnittene Westberlin zu versorgen, sind perfekt zum Inlinen, Radeln oder

Bisher wurden sämtliche Bebauungspläne für Berlins geliebte Spielwiese erfolgreich abgewehrt.

Kitelandboarden. Das monumentale Flughafengebäude dient mal als Messe, Veranstaltungsort, Corona-Impfzentrum oder Unterkunft für Geflüchtete.

„Pack die Badehose ein, …"

Wer im Sommer der Hitze im Stadtzentrum entfliehen will, der macht sich auf zum Wannsee. Am Ostufer des Großen Wannsees südwestlich der Stadt befindet sich das größte europäische Binnengewässer-Freibad. Das **Strandbad Wannsee** bietet jede Menge Platz für die Hauptstädter. Bis zu 30 000 Besucher können hier ihrem Badevergnügen nachgehen. Der Gebäudekomplex im Stil der Neuen Sachlichkeit von 1930 lässt die Herzen von Architekturfans höherschlagen, echter Ostseesand sorgt für Strandfeeling und im seichten Wasser kann man die Kleinen unbesorgt planschen lassen.

Strandbad Wannsee
Wannseebadweg 25, S-Bhf. Nikolassee mit der S1 oder S7; Saison Mitte Juli bis Mitte September

So wie in dem Schlager von 1951 besungen, packen viele auch heute noch ihre Schwimmsachen ein, und machen sich mit der S-Bahn auf in ihr Lieblingsfreibad.

Der „neue“ Westen

Die City West mit Wilmersdorf, Charlottenburg und Teilen Schönebergs war schon immer ein Ort zum Flanieren, Bummeln, Sehen und Gesehenwerden – das gilt auch heute noch.

Schon zu Zeiten der deutschen Reichsgründung 1871, als Berlin Hauptstadt wurde und wie verrückt expandierte, galt es in der sogenannten besseren Gesellschaft als schick, ein Domizil im „Neuen Westen“ zu beziehen. Ende des 19. Jahrhunderts wurde hier ein ganzes Stadtviertel für jene, die es sich leisten konnten, aus dem Boden gestampft. Seitdem entwickelte sich der Kurfüstendamm und seine Verlängerung, die Tauentzienstraße, zur zentralen Flaniermeile. Und im Grunewald baute man entlang der Königsallee eine Villenkolonie. Der Clou: Eiszeitliche Rinnen wurden geflutet, sodass begehrte Seegrundstücke entstanden.

ALTES UND NEUES ZENTRUM AM ZOO

Kaiser-Wilhelm-Gedächtniskirche
Budapester Str. 50, S- und U-Bhf. Zoologischer Garten

KaDeWe
Tauentzienstr. 21, U-Bhf. Wittenbergplatz

Der Ku'damm ist Berlins bekannteste und beliebteste Einkaufsmeile und das Herz der City West.

Aus diesen Tagen stammt auch die **Kaiser-Wilhelm-Gedächtniskirche** auf dem Breitscheidplatz, die bei einem Bombenangriff 1943 stark beschädigt wurde. Nach Kriegsende beschloss man, die Turmruine als Mahnmal in einen Neubau (von Egon Eiermann) zu integrieren. Im Inneren gibt es ein kleines Museum.

Das **Kaufhaus des Westens** ist ebenfalls ein Relikt aus der Kaiserzeit. Im Krieg stürzte ein Jagdbomber in das Gebäude und hinterließ eine ausgebrannte Ruine. Erst im Jahr 1950 wurde das KaDeWe wiedereröffnet. Seitdem gilt es mit 60 000 Quadratmeter Verkaufsfläche als eines der größten und exklusivsten Warenhäuser Europas. Vor allem die Feinkostabteilung sollten sich Foodies nicht entgehen lassen. Hier ist alles exklusiv und frisch!

Während der Teilung Berlins rückte die alte Mitte der Stadt aus westlicher Sicht in unerreichbare Ferne, und so schuf man um den **Bahnhof Zoo** ein neues Zentrum, das dem Alexanderplatz Paroli bieten sollte. Doch kurz nach der Wende brachen schwierige Zeiten für die einstigen Hotspots Westberlins an. Die Investoren zog es in den Ostteil der Stadt und der Kurfürstendamm drohte zu verwaisen.

Heute ist die City West wieder hip: Die Hochhaustürme des **Upper West** und des **Zoofensters** oder das **Bikini-Haus** mit Aussichtsterrasse auf den **Zoologischen Garten Berlin** zeugen davon. Letzterer ist einer der ältesten noch bestehenden Zoos in Deutschland und bei Groß und Klein beliebt.

Bikini-Haus
Budapester Straße 38–50, S- und U-Bhf. Zoologischer Garten

Zoologische Garten
Hardenbergplatz 8, S- und U-Bhf. Zoologischer Garten

INFO HOTSPOTS

Klein-Versailles in Charlottenburg

Das einstige Sommerschloss der Kurfürstin und späteren Königin von Preußen Sophie Charlotte bietet Gelegenheit, das Leben der Hohenzollern kennenzulernen. **Schloss Charlottenburg** mit Orangerie und Park ist die prächtigste Schlossanlage in Berlin. Hier könnt ihr die rekonstruierten Wohnräume des Hofes, den Kronschatz und eine exquisite Porzellansammlung bewundern.

Schloss Charlottenburg
Spandauer Damm 10, U-Bhf. Richard-Wagner-Platz

Das **Haus der Kulturen der Welt** war der Beitrag der USA zur Internationalen Bauausstellung 1957. Sie wurde als Geschenk Amerikas an das befreundete Westberlin deklariert.

DER HAUPTSTADT-WALD

Der **Tiergarten** zwischen Brandenburger Tor und Zoo ist die grüne Lunge der Stadt und seit dem Mauerfall wieder zentraler Stadtpark. Ursprünglich ein Jagdrevier für den Adel, ist das Areal heute beliebt bei Spaziergängern und Joggerinnen. In dem über 210 Hektar großen Park verstecken sich einige Sehenswürdigkeiten, etwa das **Schloss Bellevue,** Sitz des Bundespräsidenten, und das **Haus der Kulturen der Welt,** aufgrund seines geschwungenen Dachs auch „Schwangere Auster" genannt. Mitten auf dem Großen Stern, einem zentralen Verkehrskreisel, thront die **Siegessäule** – mit Aussichtsplattform und Friedensengel, den die Locals liebevoll „Goldelse" nennen.

Tiergarten
S-Bhf. Tiergarten

Schloss Bellevue
Spreeweg 1,
S-Bhf. Bellevue

Haus der Kulturen der Welt
John-Foster-Dulles-Allee 10,
U-Bhf. Bundestag

Siegessäule
Großer Stern, U-Bhf. Hansaplatz

6

INSIDERTIPP

Berlins Antik- und Flohmärkte

Ob Plunder, Designerstücke aus dem 20. Jahrhundert oder vielleicht sogar echte Antiquitäten – hier findet Altes und Schönes neue Liebhaber.

3

1

NOWKOELLN FLOWMARKT

Die Hipster Neuköllns treffen sich am Maybachufer auf dem kleinen, aber feinen Flowmarkt – eine wahre Fundgrube für Vintage-Mode.

April–Oktober, jeden 2. Sonntag 10–17 Uhr, U-Bhf. Schönleinstraße

2

BOXHAGENER PLATZ

Ein waschechter Kiez-Treff

Flohmarkt am Boxhagener Platz, mit zentraler Wiese für ein Picknick.

So 10–18 Uhr, U-Bhf. Samariterstraße

3

STRASSE DES 17. JUNI

Den aufgeräumtesten der Berliner Trödelmärkte findet ihr an der Straße des 17. Juni mit antiken Möbeln, Büchern, Kunst und dafür weniger Ramsch.

Sa und So 10–17 Uhr, S-Bhf. Tiergarten

4

FLOHMARKT AM ARKONAPLATZ

Gemütlich und nicht so voll und touristisch wie am Mauerpark.

Jeden So 10–16 Uhr, U-Bhf. Bernauer Straße

5

MAUERPARK (MITTE)

Einen Flohmarkt mit Volksfeststimmung und Streetfood gibt's immer sonntags am Mauerpark.

So 10–18 Uhr, U-Bhf. Eberswalder Straße

6

FLOHMARKT AM BODE-MUSEUM

Noch mehr Antikes und viele Bücher – touristisch, aber mit Flair vor Museumsinsel-Kulisse – gibt's am Bode-Museum.

Sa, So und Feiertage, U-Bhf. Museumsinsel

DIE BUCKETLIST

Museen mit Fun-Faktor

Die über 170 Museen Berlins haben weit mehr als bildende Kunst zu bieten. Die folgenden machen auch Kindern Spaß!

1 DEUTSCHES TECHNIKMUSEUM

Riesige Dampfloks, Flugzeuge, Schiffe und jede Menge Technik unter einem Dach: das beste Schlechtwetter-Museum für Familien.

Trebbiner Straße 9, U-Bhf. Gleisdreieck

2 MUSEUM FÜR NATURKUNDE

Nicht nur für Kids ein Highlight: Hier dreht sich alles um Tierwelten, den Weltraum und Erdgeschichte. T-Rex „Tristan Otto" ist der Star der Sammlung.

Invalidenstraße 43, U-Bhf. Naturkundemuseum

3 COMPUTERSPIELE-MUSEUM

Hier haben Kinder voll Bock auf Museum! Über 300 Exponate rund um die Gaming-Kultur – auch zum Ausprobieren.

Karl-Marx-Allee 93A, U-Bhf. Weberwiese

4 FUTURIUM – HAUS DER ZUKÜNFTE

Nachdenken, tüfteln und ausprobieren – das Museum zum Thema Leben in der Zukunft kommt gut an. Kostenlos!

Alexanderufer 2, S- und U-Bhf. Hauptbahnhof

5 MUSEUM FÜR KOMMUNIKATION

Hier könnt ihr viel ausprobieren – von Rohrpost bis Roboter.

Leipziger Straße 16, U-Bhf. Mohrenstraße

6 JÜDISCHES MUSEUM

Spannende Ausstellung zur jüdischen Kultur und Geschichte in einem Libeskind-Bau.

Lindenstraße 9, U-Bhf. Hallesches Tor

7 HUMBOLDT FORUM

Nigelnagelneuer Museumskomplex. Große Teile der Sammlung des Ethnologischen Museums sind kostenlos.

Schloßplatz 1, U-Bhf. Museumsinsel

8 DEUTSCHES SPIONAGEMUSEUM

Das „Schattenreich der Spionage" mit Exponaten und Multi-Media-Präsentationen zum Mitmachen für die ganze Familie.

Leipziger Platz 9, S- und U-Bhf. Potsdamer Platz

4
DEMOKRATIE
IN PROGRESS.
FUTURIUM

3
COMPUTERSPI
MUSEUM

2
TICKETS TICKETS
TICKETS

1
Deutsches Technikmuseum
Einfach für Dich.

DAS INTERVIEW

Berlin schweigt nichts tot

„Denkmäler sind wichtig – sie sorgen dafür, dass wir uns erinnern, was passiert ist. Aber wir müssen als Gesellschaft auch tatsächlich Anstrengungen unternehmen, um zu verhindern, dass sich die Geschichte wiederholt."

Berlin ist mehr als nur Sightseeing. Überall stößt man auf Relikte der deutschen Geschichte. Besonders intensiv ist für Kai der Besuch des Holocaust-Mahnmals.

Was macht diesen Ort für dich so einzigartig?

KAI Na ja, es ist das Denkmal für alle ermordeten Juden in Europa. Das allein macht es schon besonders. Es sind über 2.700 Betonblöcke, unterschiedlich hoch. Aus jeder Perspektive sieht es anders aus. Ich glaube, es symbolisiert die verschiedenen Blickwinkel auf das Geschehene. Denn der einzige Unterschied der Blöcke ist ihre Höhe. Und sie haben eine Art Wellenform, wenn man an ihnen entlanggeht. Man kann das Mahnmal von jeder Seite betreten und verlassen. Du kannst also verschiedene Perspektiven einnehmen und die Geschichte auf dich wirken lassen.

1

NIGHTLIFE

2

KULINARIK

3

WOHNEN & ARCHITEKTUR

4

HOTSPOTS

5

KUNST & KULTUR

6

QUEER LIFE

Internationale Kulturmetropole Berlin

KUNSTSCHAFFENDE AUS ALLER WELT LIEBEN DIESE STADT

Spätestens seit Friedrich der Große 1741 die Staatsoper errichten ließ, spielen die schönen Künste eine Hauptrolle in der Spreemetropole. Gerade in den Zeiten des politischen Wandels oder Neuanfangs bot Kultur den Berlinerinnen und Berlinern immer wieder Halt und Identität. Die Menschen, die hier leben, lieben Kunst in jeglicher Form, und das ist sogar an den Hauswänden zu sehen.

PRODUCT OF DIRTY DOGS
D.D
DIRTY BUSINESS
DIRTY DOG

Im Kunst-Dschungel

Die Kunst- und Kulturszene ist in Berlin ständig in Bewegung. Die Stadt quillt förmlich über vor Kreativität. Überall zeigen Künstlerinnen und Künstler aus aller Welt, was sie können.

Eigen+Art
Auguststraße 26,
U-Bhf. Rosenthaler Platz

Eigen+Art Lab
Torstraße 220,
U-Bhf. Oranienburger Tor

Kunst lebt in Berlin und das Gesicht der Mauern, Straßen und Plätze ändert sich stetig, dank der aktiven Kunstszene. Am Teufelsberg gibt es Streetart vom Feinsten (S. 157).

Neben den großen renommierten Galerien und Museen gibt es in Berlin zahllose kleinere private Galerien. Ständig eröffnen und schließen irgendwo Kunsträume, die einen Einblick in die lebendige Szene der Stadt bieten.

BUNTE GALERIESZENE

Klassiker wie die Galerie **Eigen+Art** der Leipziger Galeristenikone Gerd Harry Lybke haben den Weg geebnet für die Galerienlandschaft in der Hauptstadt der Nachwendezeit. Besonders das Quartier um die Linien-

KW Institute for Contemporary Art
Auguststraße 69, S-Bhf. Oranienburger Straße

Galerie Neugerriemschneider
Linienstraße 155, S-Bhf. Oranienburger Straße

Sprüth Magers
Oranienburger Straße 18, S-Bhf. Oranienburger Straße

Privatsammlung Boros
Nur mit Führung begehbar – rechtzeitig buchen! Reinhardtstraße 20, U-Bhf. Oranienburger Tor

Die **KW:** Institution für progressive künstlerische Praktiken in der Berliner und internationalen Kunstszene – mit verschiedensten wechselnden Veranstaltungsformaten.

und Auguststraße entwickelte sich in den ersten Jahren nach dem Mauerfall zum Hotspot für zeitgenössische Kunst. Und hier finden sich immer noch namhafte Kunstorte, die heute zum Teil zu den Big Playern auf dem internationalen Kunstmarkt zählen, beispielsweise das **KW Institute for Contemporary Art,** die **Galerie Neugerriemschneider** oder **Sprüth Magers.** Der Eintritt ist meist frei, es lohnt sich immer vorbeizuschauen.

An einem ganz besonderen Ausstellungsort in Mitte sind die zeitgenössischen Werke der **Privatsammlung Boros** zu sehen:

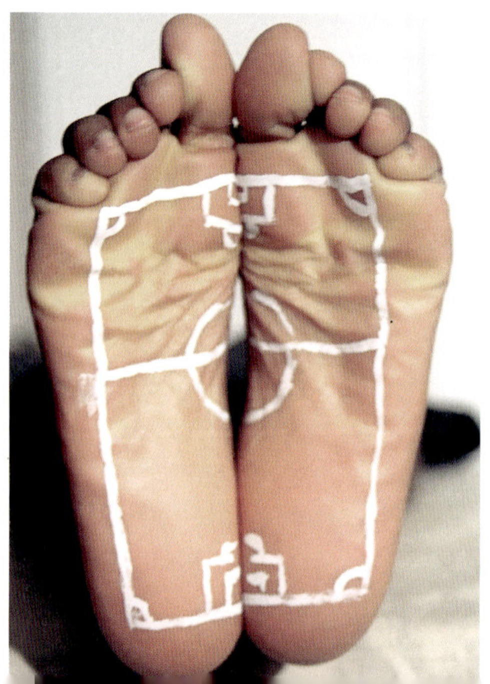

Galerie König
Alexandrinenstraße 118–121, U-Bhf. Prinzenstraße

Galerie Barbara Thumm
Markgrafenstr. 68, U-Bhf. Kochstraße

Künstlerhaus Bethanien
Kottbusser Straße 10, U-Bhf. Kottbusser Tor

im ehemaligen Reichsbunker von 1942.

Weitere kreative Zentren sind in den letzten Jahren hinzugekommen, vor allem in Kreuzberg und Schöneberg. Rund um den einstigen Kunst-Hotspot Kochstraße ist es zwar mittlerweile etwas ruhiger geworden. Doch im traditionell kreativen Kreuzberg gibt's noch mehr Galerien, so etwa die sensationelle **Galerie König** für crossmediale Kunst in einer ehemaligen brutalistischen Kirche oder die **Galerie Barbara Thumm** mit mehreren Projekträumen in Berlin. Ein Motor der Kreativität in Kreuzberg ist schon seit den 1970er-Jahren das **Künstlerhaus Bethanien** mit Ateliers und Ausstellungsräumen.

NEUE KUNST AN DER „POTSE“ UND IN NEUKÖLLN

Neuerdings hat sich auch die **Potsdamer Straße** (U-Bhf. Kurfürstenstraße) zu einer wahren Kunstmeile entwickelt. Auf der „Potse“ reiht sich eine schräge Mischung aus Nobelboutiquen, Dönerläden und Striplokalen aneinander. Zwischendrin haben sich viele sowohl etablierte als auch

Coole Location: Kunst zwischen Braukesseln in der ehemaligen **Kindl-Brauerei**

junge und unkonventionelle Kreativräume angesiedelt. Adressen wie **Esther Schipper** oder die **Galerie Max Hetzler** in den Mercator-Höfen sind unbedingt einen Besuch wert – die vielen anderen Pop-up-Kunsträume ebenso.

Der Szenebezirk Neukölln hat mit seinen vielen Ateliers und Schauräumen in Sachen Kunst ebenfalls aufgeholt. Eine echte Bereicherung für den Kiez ist die alte **Kindl-Brauerei,** die zu einer privat

Esther Schipper
Potsdamer Str. 81E,
U-Bhf. Kurfürstenstraße

Galerie Max Hetzler
Potsdamer Straße 77–87, U-Bhf. Kurfürstenstraße

Kindl-Brauerei
Am Sudhaus 2,
U-Bhf. Boddinstraße

48 Stunden Neukölln
48-stunden-neukoelln.de

Gallery Weekend
gallery-weekend-berlin.de

Art Week
berlinartweek.de

finanzierten Plattform für Ausstellungen und Performances vor gigantischer Industriekulisse umgewandelt wurde. Beim alljährlichen Kunst-Festival **48 Stunden Neukölln** (Juni) öffnen Ateliers und Kunsträume ihre Türen – perfekt für einen Bummel durch die Kreativszene des Stadtteils. Weitere Termine für Kunstfans sind das **Gallery Weekend** (April) und die **Art Week** (September), an denen Galerien und private Sammlungen in ganz Berlin Events veranstalten.

Dunkle Materie in Lichtenberg

Futuristische Welten aus Klang und Farben! Im **Dark Matter**, einer ehemaligen Fabrikhalle in Berlin, haben die faszinierenden Multimediakunstwerke des Künstlers und Designers Christopher Bauder ein Zuhause gefunden. Die Sound- und Lichtinstallationen, verteilt auf sieben Räume, interagieren auf unterschiedliche Weise mit den Besuchern. Bauder arbeitet mit vielen Größen der elektronischen Musik zusammen, seine Werke waren schon auf der ganzen Welt zu sehen.

Dark Matter
Köpenicker Chaussee 46, Lichtenberg, S-Bhf. Rummelsburg

DIE BUCKETLIST

Musealer Kunstgenuss

Die Augen offen halten und ihr findet überall in der Stadt Kunst. Wer tiefer eintauchen möchte, kann die herausragenden Kunsttempel der Stadt besuchen.

1

NEUE NATIONALGALERIE

Erlesene Kunst des 20. Jahrhunderts in einem Klassiker der modernen Architektur aus Stahl und Glas von Ludwig Mies van der Rohe (S. 91).

Potsdamer Straße 50, S-Bhf. Potsdamer Platz

2

HAMBURGER BAHNHOF

Einst wichtiger Berliner Kopfbahnhof, heute das größte Museum für Gegenwartskunst in Berlin mit spektakulären Sonderausstellungen.

Invalidenstraße 50, S- und U-Bhf. Hauptbahnhof

3

BERLINISCHE GALERIE

Berliner Kunst, Architektur und Fotografie von 1880 bis 1980. Von Dada bis Neue Sachlichkeit – hier gibt's die Schätze aus der Zeit, in der sich die Kunst neu erfand.

Alte Jakobstraße 124–128, U-Bhf. Prinzenstraße

4

C/O BERLIN

Neue Fotografie und visuelle Medien. Die Führungen sind exzellent.

Hardenbergstraße 22, S- und U-Bhf. Zoologischer Garten

5

GROPIUS-BAU

Große temporäre Ausstellungen zu zeitgenössischer Kunst und gesellschaftlichen Themen in einem geschichtsträchtigen Bau: 1945 zerstört und 1978 liebevoll wiedererrichtet.

Niederkirchner Straße 7, S- und U-Bhf. Potsdamer Platz

4
C|O Berlin
HAUS

3
BG
BERLINISCHE
GALERIE
MUSEUM FÜR
MODERNE KUNST

2

Urban Art an der Spree

Graffiti an den Häuserwänden gehören zu Berlin wie Döner und Baustellen. Doch Streetart ist inzwischen auch in den Galerien angekommen und wird zunehmend anerkannt.

Der Teufelsberg – bizarre Kulisse für Streetart, die man auch im Rahmen einer Führung besichtigen kann.

In Berlin hat sich eine Streetart-Szene entwickelt, die weltweit ihresgleichen sucht. Künstlerinnen und Künstler von überall kommen hierher, gestalten fantastische Murals und sorgen dafür, dass die Stadt mit jedem Bild noch ein wenig bunter wird.

URBAN-ART-HOTSPOTS

Eine Streetart-Tour in Berlin verlangt einiges an Kondition, da die Bilder überall in der Stadt verteilt sind. Doch es gibt ein paar Hotspots: Dazu zählt auf jeden Fall

RAW-Gelände und **Urban Spree**
Revaler Str. 99, S-Bhf. Warschauer Straße

East Side Gallery
Mühlenstr. 70–71, S-Bhf. Berlin Ostbahnhof

Urban Nation
Bülowstraße 7, U-Bhf. Nollendorfplatz

das **RAW-Gelände** in Friedrichshain, wo sich an den Wänden alter Reichsbahnhallen unterschiedlichste Künstler ausgetobt haben. Dreh- und Angelpunkt ist das Kunst- und Kulturhaus **Urban Spree** mit der Galerie für Urban Art. Ganz in der Nähe, am Spreeufer, befindet sich die Keimzelle der Streetart in Berlin: die **East Side Gallery.** Die 1,3 Kilometer lange Bilderfolge auf einem Mauerstück wurde nach 1989 von 118 internationalen Künstlerinnen und Künstlern gestaltet.

Andere Berliner Streetart-Ziele sind das **Haus Schwarzenberg** (S. 133) in Mitte, der **Artpark** (S. 157) in Tegel und die Gegend um den **Görlitzer Bahnhof** in Kreuzberg, wo auch der berühmte „Astronaut Cosmonaut“ von Victor Ash zu finden ist.

INFO KULTUR

Museum für Graffiti und Murals

Im Museum **Urban Nation** wird der zeitgenössischen Street- und Urban Art eine Bühne geboten. Die Ausstellung (Eintritt frei) zeigt die Entstehung und ganze Bandbreite dieser überall präsenten Kunstströmung. Mit dem Projekt One Wall lädt die gemeinnützige Initiative Kunstschaffende aus allen Teilen der Welt ein, um in Berlin monumentale Murals zu verwirklichen.

7

INSIDERTIPP

Outdoorgalerie Berlin

Auf Schritt und Tritt findet ihr internationale Streetart-Kunst vom Feinsten.

1 CASE MACLAIM – HANDS

Riesige Hände, die Grenzen verschwimmen lassen – eine raffinierte Geste zum Thema gesellschaftlicher Zusammenhalt.

Köpenicker-/Ecke Brückenstraße, U-Bhf. Heinrich-Heine-Straße

2 DMITRI WRUBEL – BRUDERKUSS

Der Kuss zwischen Breschnew und Honecker zählt zu den Highlights der East Side Gallery.

Mühlenstraße 70–71, S-Bhf. Warschauer Straße

3 ROA – NATURE MORTE

Tote Wildtiere sind das Markenzeichen der Streetart-Szenegröße ROA – dieses Werk war Teil der Ausstellung *Transit* von 2009.

Oranien-/Ecke Manteuffelstraße, U-Bhf. Görlitzer Bahnhof

4 COLLIN VAN DER SLUIJS & SUPER A – THE STARLING

Im Artpark Tegel, einer Häusergalerie mit riesigen Wandbildern, blickt unter anderem ein 30 Meter großer Star in den Himmel.

Neheimer Straße, Bus Neheimer Straße

5 VICTOR ASH – ASTRONAUT COSMONAUT

Der monumentale Astronaut in Kreuzberg ist ein beliebtes Instagram-Motiv und ein politisches Statement zum Kalten Krieg.

Oranienstraße 195, U-Bhf. Kottbusser Tor

6 JADORE TONG – ELEPHANT PLAYING WITH A WORLD BALLOON

Auf 750 Quadratmeter Brandmauer schuf der Künstler ein elefantenstarkes Symbol für die multikulturelle Stadt.

Wilhelmstraße 7, U-Bhf. Hallesches Tor

7 MURALS AM TEUFELSBERG

Auf dem bizarr verfallenen Gelände der alten britischen und US-amerikanischen Abhörstation haben sich im Lauf der Zeit Hunderte Künstlerinnen und Künstler aus aller Welt verewigt.

Teufelsseechaussee 10, S-Bhf. Grunewald

VOLKSBÜHNE

Ganz Berlin ist eine Bühne

Egal ob Kleinkunst, freies Theater, städtische Bühnen oder große Oper – die Kunst der Unterhaltung, ob experimentell oder etabliert, hat in der Hauptstadt eine lange Tradition.

Berliner-Ensemble
Bertolt-Brecht-Platz 1,
U-Bhf. Friedrichstraße

Deutsches Theater
Schumannstraße 13A,
U-Bhf. Oranienburger Straße

Maxim-Gorki-Theater
Am Festungsgraben 2,
U-Bhf. Friedrichstraße

Auch von außen ist die **Volksbühne** einen Besuch wert. Picknickwiese inklusive.

Von den großen Schauspiel- und Opernhäusern bis zu Off-Bühnen und experimentellen Theaterprojekten – Berlin hat viel Drama zu bieten.

DIE GROSSEN KLASSIKER

Die wichtigen Bühnen in Mitte wie die stets überraschende **Volksbühne** (S. 160), das altehrwürdige Brecht-Theater **Berliner Ensemble**, das **Deutsche Theater** und das **Maxim-Gorki-Theater** haben weit über Berlin hinaus Strahlkraft und sorgen

Volksbühne
Linienstraße 227, U-Bhf. Rosa-Luxemburg-Platz

Schaubühne
Kurfürstendamm 153, U-Bhf. Adenauer Platz

auch in überregionalen Feuilletons für Gesprächsstoff. Hier kommt kulturell Bedeutsames zur Aufführung, mal klassisch, mal wild interpretiert, mal experimentell. Vor allem die **Volksbühne** sorgt immer wieder für Wirbel. Am Puls der Zeit und mit vielen bekannten Schauspielstars im Ensemble begeistert die **Schaubühne** am Lehniner Platz.

Sophiensäle
Sophienstraße 18, U-Bhf. Weinmeisterstraße, S-Bhf. Hackescher Markt oder Oranienburger Straße

Radialsystem
Holzmarktstraße 33, S-Bhf. Ostbahnhof

Heimathafen Neukölln
Karl-Marx-Str. 141, U-Bhf. Karl-Marx-Straße

HAU
HAU 1: Stresemannstr. 29
HAU 2: Hallesches Ufer 32; HAU 3, Tempelhofer Ufer 10; HAU 4: virtuell

OFF-THEATER-SZENE

Neben den großen Spielstätten haben sich unzählige kleinere Bühnen und Off-Theater etabliert, die allabendlich ihr Bestes geben. Ob experimentelle Tanzaufführungen in den **Sophiensälen**, im Kulturhaus **Radialsystem** oder waschechtes modernes Volkstheater im **Heimathafen Neukölln** – in Berlin bleibt kein Theaterwunsch offen. Neueste Theatertrends zeigt das freie Theater **Hebbel am Ufer (HAU)** an vier Spielstätten: Das Programm umfasst ein breites Spektrum von Tanz über Performance bis Diskussion. Auf den kleinen Bühnen der Stadt wird Neues ausprobiert und Altes geremixt.

Sie sind kreative Triebfeder und Ideengeber für die großen.

Ein Projekt wie die Theater-Sitcom „Gutes Wedding, Schlechtes Wedding“ im **Prime Time Theater** bringt das moderne Serienformat ins Rampenlicht. Regie- und Schauspielschüler und -absolventinnen erhalten eine erste Chance im **Theaterdiscounter TD Berlin,** stets ungewöhnlich, immer ein bisschen provokativ. Für den ganz großen Opernabend bietet sich ein Besuch in einem der drei etablierten Häuser an: **Staatsoper Unter den Linden**, **Deutsche Oper,** aber auch **Komische Oper** mit ihren meist poppigen Inszenierungen.

Prime Time Theater
Eingang Burgsdorfstr., Müllerstraße 163, S- und U-Bhf. Wedding

TD Berlin
Klosterstraße 44, U-Bhf. Klosterstraße

Staatsoper
Unter den Linden 7, U-Bhf. Unter den Linden

Deutsche Oper
Bismarckstraße 35, U-Bhf. Bismarckstraße

Komische Oper
Behrenstraße 55–57, U-Bhf. Unter den Linden

INFO KULTUR

Große Oper – neu gedacht

Keine Lust auf Opernpomp? Eine echte Alternative ist die **Neuköllner Oper**. Hier bringen junge Komponisten, Sängerinnen, Schauspieler und Musikerinnen sowohl Experimentelles als auch Klassiker auf die Bühne. Mit Witz und Kreativität werden die Herausforderungen des kleinen Budgets charmant umschifft. Echt volksnah und eine Perle im Berliner Kulturzirkus!

Neuköllner Oper
Karl-Marx-Straße 131–133, U-Bhf. Karl-Marx-Straße

DIE BUCKETLIST

Events und Festivals

In Berlin wird's garantiert nie langweilig. Irgendwo ist immer was los.

1 BERLINALE

Die Anziehungskraft der Berlinale ist ungebrochen. Das Berliner Filmfestival gilt mit Cannes und Venedig als eines der wichtigsten Events der Branche. Wer gewinnt, freut sich über Goldene Bären.

Februar, Kinos in der ganzen Stadt

2 „STAATSOPER FÜR ALLE"

Jährlich an einem Sonntag im Juni oder Juli findet ein kostenloses Open-Air-Klassik-Konzert auf dem Bebelplatz statt. Sitzmöbel müssen mitgebracht werden.

Juni oder Juli, Mitte, Bebelplatz

3 KARNEVAL DER KULTUREN

Das beliebteste Straßenfest der Stadt mit großem Umzug am Sonntag und Kinderkarneval am Samstag lockt jedes Jahr Tausende an.

Pfingstwochenende, Kreuzberg

4 LOLLAPALOOZA FESTIVAL

Immer im Spätsommer, meist im und um das Olympiastadion bietet dieses Festival ein Wochenende voller Musik, Spaß und Action. Auch für Kinder gibt's Programm.

Ende August/Anfang September, Olympiastadion Berlin

5 FÊTE DE LA MUSIQUE

Seit 1995 wird dieser Exportschlager aus Frankreich auch in Berlin gefeiert: mit Musik satt auf Straßen und öffentlichen Plätzen bis 22 Uhr. Hinterher geht's in den Klubs der Stadt weiter.

21. Juni, stadtweit

6 BERLIN ART WEEK

Hunderte von Galerien zeigen jedes Jahr im September das Neueste vom Kunstmarkt. Special Events in Museen runden das einwöchige Kunstspektakel ab.

September, stadtweit

Berlinale Palast
THEATER AM POTSDAMER PLATZ
1

2

5

3

Eldorado für Klassikfans

Vom Kammerkonzert bis zum großen Orchester – die Spielpläne der Berliner Konzerthäuser sind prall gefüllt.

Philharmonie
Herbert-von-Karajan-Straße 1, S- und U-Bhf. Potsdamer Platz

Der Star unter den Klassik-Locations ist die **Philharmonie** am Kulturforum, Spielstätte der Berliner Philharmoniker. Hans Scharouns Konzertsaal setzt heute noch Maßstäbe für Architektur und Akustik.

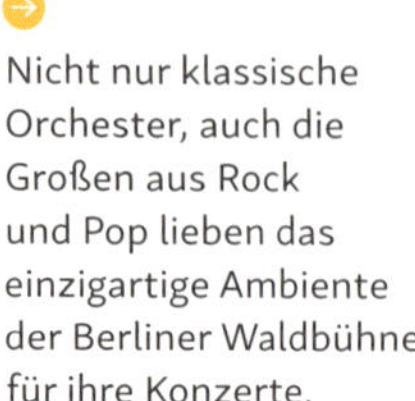

Nicht nur klassische Orchester, auch die Großen aus Rock und Pop lieben das einzigartige Ambiente der Berliner Waldbühne für ihre Konzerte.

Konzerthaus
Gendarmenmarkt 2,
U-Bhf. Hausvogteiplatz

Berliner Residenz Konzerte im Schloss Charlottenburg
Spandauer Damm 10–22, S-Bhf. Westend

Haus des Rundfunks & Großer Sendesaal
Masurenallee 8–14, U-Bhf. Theodor-Heuss-Platz, S-Bhf. Messe Nord

Waldbühne
Glockenturmstraße 1, S-Bhf. Pichelsberg oder U-Bhf. Olympiastadion

Beliebt: die **Gratis-Lunch-Konzerte am Mittwoch (September–Juni).**

Doch in Berlin sind noch mehr weltberühmte Orchester zu Hause, etwa im **Konzerthaus** am Gendarmenmarkt. Mit historisch korrekter Kostümierung, stilecht vor der Kulisse des Schlosses Charlottenburg, sorgen die **Berliner Residenz Konzerte** für alten preußischen Glanz. Den perfekten Sound für große Konzerte gibt's im **Haus des Rundfunks** am Theodor-Heuss-Platz. In der glasklaren Architektur von Hans Poelzig (Neue Sachlichkeit) spielt unter anderem das Deutsche Symphonie-Orchester auf.

Eine der schönsten Freilichtbühnen der Stadt, die **Waldbühne** am Olympiapark, ist ebenfalls hin und wieder Schauplatz für klassische Konzerte.

Musikwerkstatt im Wedding

Piano Salon Christophori
Uferstraße 8–11,
U-Bhf. Pankstraße

Ein ganz besonderer Ort für alle Klassikfans ist der **Piano Salon Christophori**. Heute tagsüber eine Werkstatt, in der alte Instrumente restauriert werden, finden in dem ehemaligen Straßenbahndepot abends regelmäßig Kammerkonzerte statt. Dazu gibt's Wein und eine lockere Atmosphäre. Wunderschöne alte Instrumente schmücken die Wände. Auch ohne Konzert ist der Salon einen Besuch wert, denn er ist ein Klangmuseum der Instrumentengeschichte. Karten gibt es an der Abendkasse oder man kann über die Homepage vorbestellen: www.konzertfluegel.com.

DAS INTERVIEW

Nährboden für die Kreativität

„In der Kälte, dem Chaos und der Unordnung liegt die kreative Kraft dieser Stadt.“

Die Kunst- und Kulturszene der Stadt beeindruckt Kai immer wieder aufs Neue. Doch neben künstlerischer Freiheit gibt es auch Schattenseiten.

Was ist für dich das Besondere an der Kulturszene Berlins?

KAI In Berlin scheint es, als ob einfach alles möglich ist. Hier hast du theoretisch die Freiheit, nahezu alles zu machen, was du willst. Deswegen ist die Stadt auch so attraktiv für viele Kunstschaffende, die von überall aus der Welt hierherkommen. Die Berliner Luft macht tatsächlich frei: Es ist einfach ein ganz bestimmtes Lebensgefühl, ein Gefühl, das man hier fast überall hat, ein Gefühl von Freiheit.

Aber Freiheit bedeutet auch Unsicherheit. Wie bestreiten die Kunstschaffenden ihren Lebensunterhalt in Berlin?

Kunst begegnet euch überall in Berlin.

KAI Finanziell ist es nicht immer leicht für die Künstlerinnen und Künstler, vor allem wegen der hohen Mieten. Trotzdem ist die Kreativität nicht zu bremsen.

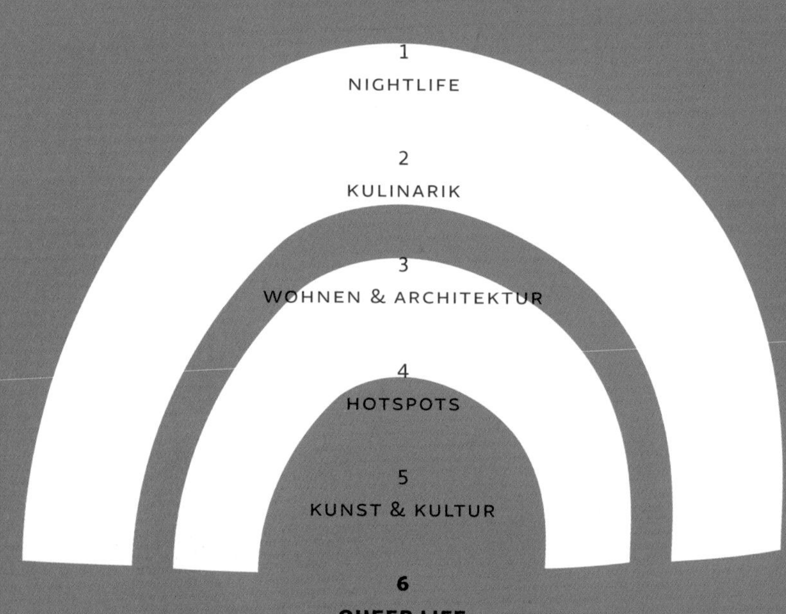
1
NIGHTLIFE
2
KULINARIK
3
WOHNEN & ARCHITEKTUR
4
HOTSPOTS
5
KUNST & KULTUR

6

QUEER LIFE

Berlin ist bunt – und das ist auch gut so!

LGBTQ+ IST HIER KEIN FREMDWORT

Kaum eine andere Metropole in Europa hat eine so lebendige Queerszene und bietet so viele Möglichkeiten, unterschiedlichste Identitäten und Lebensentwürfe zu leben. Doch diese Freiräume mussten immer wieder hart erkämpft werden. Heute ist Berlin bunt und weitgehend tolerant. Das Ergebnis: Eine vielfältige Community, die fast überall in der Stadt zu finden ist und ihr Anderssein voller Stolz zur Schau trägt.

Alles inklusiv – die queere Szene Berlins

Berlin zählt zu den LGBTQ+-Metropolen schlechthin – nach einer durchaus wechselvollen Geschichte. Heute schützt der Staat die Rechte queerer Menschen.

Die Geschichte der queeren Community in Berlin beginnt mit einem Verbot: 1872 wurden mit Paragraf 175 homosexuelle Handlungen unter Strafe gestellt. Männer wurden explizit erwähnt, lesbische Frauen waren aber mitgemeint. Allerdings formierte sich damit auch Widerstand in der Stadt. Knapp 30 Jahre später wurde die erste Petition gegen den Paragrafen in den Reichstag eingebracht, initiiert von dem Sexualwissenschaftler Magnus Hirschfeld (1868–1935), der sich für die Entkriminalisierung der Homosexualität einsetzte. Nach langer, oft leidvoller Geschichte mit Erfolg.

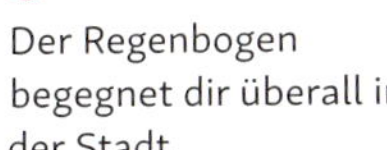
Der Regenbogen begegnet dir überall in der Stadt.

DER LANGE WEG ZUR FREIHEIT

Verstecken muss sich heute niemand mehr – zum Glück. Doch bis dahin war es ein langer Weg. Bereits in den wilden 1920er-Jahren war Berlin ein international bekannter Hotspot homosexuellen Lebens. Damals konzentrierte sich die Szene vor allem zwischen Bülow- und Kurfürstenstraße.

Bereits Anfang des 20. Jahrhunderts war Berlin berühmt für sein queeres Nachtleben.

Bars wie das legendäre **Eldorado,** Lieblingsbar von Marlene Dietrich, lockten Hedonisten und Lebenskünstlerinnen in die Stadt, die anderswo in Europa Verfolgung fürchten mussten. Doch bereits 1933 war Schluss damit. Kurz nach der Machtergreifung der Nationalsozialisten wurden die Szenetreffs geschlossen. Später wurden Homosexuelle systematisch verfolgt und zu Tausenden in Konzentrationslager verschleppt. Heute erinnert das **Denkmal für die im Nationalsozialismus verfolgten Homosexuellen** an diese dunkle Zeit.

×
Denkmal für die im Nationalsozialismus verfolgten Homosexuellen
Ebertstraße, S-Bhf. Potsdamer Platz

Erst Ende der 1960er-Jahre hatte sich in Westberlin wieder eine nennenswerte Schwulen- und Lesbenszene etabliert, hauptsächlich in Schöneberg rund um die Motzstraße. Bis heute ist diese Gegend der Hotspot schwul-lesbischen Lebens in

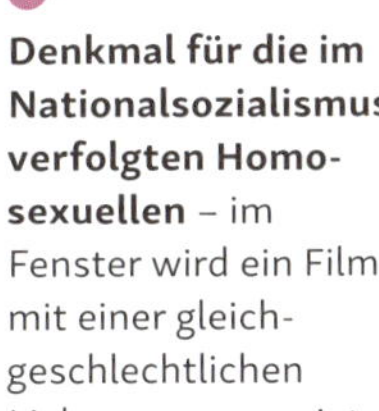

Denkmal für die im Nationalsozialismus verfolgten Homosexuellen – im Fenster wird ein Film mit einer gleichgeschlechtlichen Liebesszene gezeigt.

Berlin. Die queere Kultur wurde von der schwulen und lesbischen Szene lange Zeit überdeckt. Obwohl der Paragraf 175 in der DDR bereits 1968 abgeschafft wurde (in der BRD wurde er lediglich entschärft), war Homosexualität bis in die 1980er-Jahre in Ostdeutschland verpönt – wesentlich stärker als damals in der BRD. Einrichtungen wie der **Sonntagsclub** leisteten Pionierarbeit für das schwul-lesbische Leben in Ostberlin – immer schön von der Stasi überwacht.

Sonntagsclub
Greifenhagener Straße 28,
U-Bhf. Schönhauser Allee

Schwule Geschichte, Kunst und Kultur

Schwules Museum Berlin
Lützowstraße 73,
U-Bhf. Kurfürstenstraße

Gegründet 1985 von einer Handvoll engagierter Studierenden zählt das Schwule Museum heute zu den Urgesteinen der Berliner Queerszene, auch wenn es streng genommen nicht mehr ganz in Schöneberg liegt, sondern in Tiergarten. Das Museum erlaubt Einblicke in die Welt schwulen, lesbischen, transsexuellen, bisexuellen und queeren Lebens und widmet sich mit Ausstellungen und Veranstaltungen der Geschichte, Kultur und Kunst der Regenbogen-Community. Herzstück ist ein riesiges Archiv mit über 16 000 Büchern und Zeitdokumenten.

DIE SZENE WIRD POLITISCH

Tuntenhaus
heute Kastanienallee 86, U-Bhf. Eberswalder Straße

In den 1980er-Jahren emanzipierte sich die Szene. Queere Hausbesetzerprojekte wie das **Tuntenhaus** machten von sich reden. Der schwul-lesbische Kampf wurde politisch, und die endgültige Abschaffung des Paragrafen 175 in der Bundesrepublik erneut gefordert. Ein langer Kampf, der erst 1994 zum Erfolg führte. Künstlerinnen und Künstler wie der Produzent, Film- und Theaterregisseur **Rosa von Praunheim** trugen den Protest in die Mitte der Gesellschaft. Von Praunheim war es auch, der Ende der 1970er-Jahre die ersten Räumlichkeiten für das **SchwuZ** zur Verfügung stellte, einen

Die Fassade bezieht Stellung: das **Tuntenhaus** in der Kastanienallee

alternativen queeren Klub in Westberlin, in dem später Größen wie **Blondie** und **Boy George** Konzerte gaben. Noch immer ist das SchwuZ, heute in der alten **Kindl-Brauerei** (S. 150), ein beliebter Szenetreff, in dem Partys gefeiert werden und Veranstaltungen stattfinden. Auch das queere Stadtmagazin **Siegessäule** (siegessaeule.de) stammt aus jener Zeit des Aufbruchs.

ALLES KANN, NICHTS MUSS

Vor ungefähr zehn Jahren begann die Entwicklung Berlins zur queeren Metropole. Während bis dahin vor allem schwule Männer und lesbische Frauen sichtbar waren, sind heute auch Trans-Personen und Menschen, die sich keinem Geschlecht zuordnen, ein wichtiger Teil der Community. Leider nicht ganz ohne Widerstand – die Anzahl der Übergriffe auf queere Personen in Berlin nimmt zu.
Beim **Karneval der Kulturen** (S. 162) und dem **Christopher Street Day** (S. 178) sind alle willkommen und viele feiern mit. Heute kann das Anderssein in der Stadt offen gelebt werden.

Ausgehen im Zeichen des Regenbogens

Queer ausgehen in Berlin? Nichts leichter als das: Viele LGBTQ+-Bars und -Klubs sorgen das ganze Jahr über für Abwechslung.

Vor allem am CSD-Wochenende im Juli wird überall gefeiert. Fast alle Klubs machen mit und bilden den bunten Rahmen für eine der größten LGBTQ+-Demos weltweit. Doch Berlin bietet das ganze Jahr über Party für queere Nachtschwärmer.

Nollendorfplatz
U-Bhf. Nollendorfplatz

DAS BUNTE HERZ BERLINS

Als Zentrum der Szene mit jeder Menge Bars und Klubs gilt die Gegend um den **Nollendorfplatz** und die **Motzstraße** in Schöneberg (U-Bhf. Nollendorfplatz), die schon in den 1920er-Jahren ein Treffpunkt

Zieht Jahr für Jahr Hunderttausende in die Stadt. Der CSD in Berlin

Romeo und Romeo
Motzstraße 20

Heile Welt
Motzstraße 5

Prinzknecht
Fuggerstraße 33

Scheune
Motzstraße 25

New Action
Kleiststraße 35

Woof
Fuggerstraße 37

homosexueller Männer und lesbischer Frauen war. Überall wehen heute Regenbogenfahnen und queerfreundliche Kneipen und Cafés laden zum Verweilen ein. Ein beliebter Nachmittagstreff ist das **Romeo und Romeo**, ein entspanntes Café mit bunt gemischtem Publikum.

Später geht es dann in eine der vielen Bars: Von der plüschigen **Heilen Welt**, dem immer vollen **Prinzknecht** bis zu Fetischläden wie der **Scheune**, **New Action** oder **Woof** – in Schöneberg ist für jeden Geschmack was geboten. Zum Tanzen geht's anschließend ins **Connection** (S. 183), einem der Party-Hotspots für schwule Männer,

Berlin Pride – der CSD

Es hat sich viel getan, seit 1979 der erste Christopher Street Day unter dem Motto »Mach dein Schwulsein öffentlich« für Kontroversen sorgte. Heute treffen sich jedes Jahr Ende Juli Hunderttausende zu dieser Riesendemo für die Rechte der LGBTQ+-Community. Der CSD wird weltweit gefeiert, im Gedenken an die Straßenschlachten des 27. Juni 1969 in der New Yorker Christopher Street, als Homosexuelle und andere Minderheiten gegen Polizeiwillkür aufbegehrten. Das Datum wurde zum Symbol für den Kampf für Gleichberechtigung. Als politische Alternative zum zunehmend kommerzialisierten CSD findet seit 2013 am Vorabend der Dyke*-March für lesbische Sichtbarkeit statt und seit 2021 parallel zum CSD der »Internationalist Queer Pride«.

oder in die berühmt-berüchtigte Tanzbar **Hafen**, wo jeder seine Vorlieben ausleben kann, egal ob auf Schlager-, Bunny- oder Steinzeit-Partys. Einmal im Jahr, immer am Wochenende vor dem CSD verwandelt sich der Nollendorf-Kiez in eine einzige Partylocation. Wer sich zwischendurch noch frisurtechnisch verändern möchte, der kann sich im Neuköllner Friseursalon **La BarBer** die Haare machen lassen. Dort wird ein Umfeld geboten, in dem sich jeder Mensch in seiner Einzigartigkeit respektiert fühlt.

Hafen
Motzstraße 19

La BarBer
Pannierstraße 56,
U-Bhf. Hermannplatz

KREUZBERGER VIELFALT

Von jeher tolerant gegenüber alternativen Lebensentwürfen ist auch Kreuzberg bestens geeignet für lange Abende in queerfreundlicher Atmosphäre. Feste Größen im Regenbogennachtleben sind das plüschige **Roses**, ein kleiner, meist randvoller Laden, das **Möbel-Olfe**, einer der Berliner Treffs der queeren Community, der aber auch beim Hetero-Publikum ankommt, der **Südblock** mit queeren Partys und Events, bei denen auch die türkische Community aus der Nachbarschaft miteinbezogen wird. Ein

Roses
Oranienstr. 187,
U-Bhf. Kottbusser Tor

Möbel-Olfe
Reichenberger Straße 177, U-Bhf. Kottbusser Tor

Südblock
Admiralstraße 1–2,
U-Bhf. Kottbusser Tor

Silverfuture
Weserstraße 206,
U-Bhf. Hermannplatz

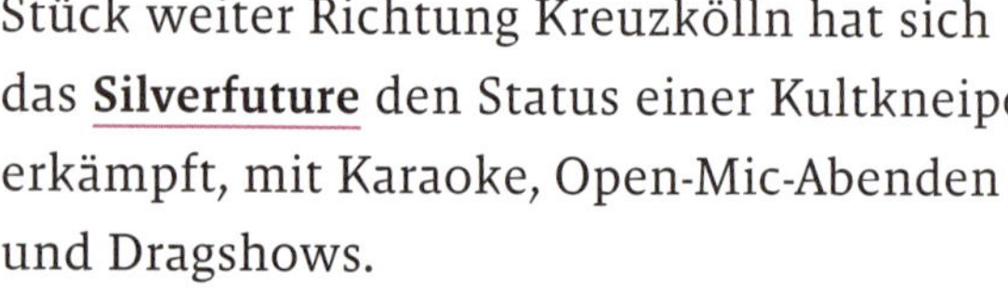

Stück weiter Richtung Kreuzkölln hat sich das **Silverfuture** den Status einer Kultkneipe erkämpft, mit Karaoke, Open-Mic-Abenden und Dragshows.

In Kreuzberg warten jede Menge queerfreundliche Orte zum Feiern und Tanzen. Auch in den Bars geht es hier spätabends hoch her. Wer lieber echte Klubatmosphäre bevorzugt, sollte ins aktuelle Programm des **SO36** schauen: Vielleicht steht gerade eine **Gayhane-Party** an. Die beliebte Partyreihe gibt es schon

SO36
Oranienstraße 190,
www.so36.com,
U-Bhf. Kottbusser Tor

Das **Silverfuture** hat 2007 eröffnet und ist seitdem ein Treffpunkt für Kings, Queens und Queers aus der ganzen Welt.

seit den 1990er-Jahren und ist ein fester Bestandteil der multikulturellen LGBT-Community. Gefeiert wird zu orientalischen Sounds, zwischendurch gibt's politische oder einfach nur schräge Performances.

KitKatClub
Köpenicker Straße 76, U-Bhf. Heinrich-Heine-Straße

Große Freiheit 114
Boxhagener Straße 114, U-Bhf. Frankfurter Tor

Zum schmutzigen Hobby
RAW-Gelände, Revaler Straße 99, S-Bahnhof Warschauer Straße

Hedonistisch und auf jeden Fall offen für alle Identitäten geht es im **KitkatClub** zu: Schon seit über 20 Jahren eine Institution für all jene, die es freizügiger mögen als in den anderen Klubs der Stadt. Einmal im Monat findet hier eine der größten Gaypartys Berlins statt. Doch auch die großen bekannten Technoklubs der Stadt, allen voran das **Berghain** (S. 183), der **Lokschuppen** (S. 183) und **://about blank** (S. 183), sind beliebte Adressen der queeren Klubkultur.

Die Gegend rund um das Frankfurter Tor, die Warschauer Straße und die Schönhauser Allee steht dem in nichts nach und hat für queere Nachtschwärmer ebenso viel zu bieten: So die **Große Freiheit 114**, das **Zum schmutzigen Hobby** – die Namen der Friedrichshainer Szenebars sprechen für sich. Urgestein der Szene in Prenzlauer Berg ist die **Bärenhöhle**.

Bärenhöhle
Schönhauser Allee 90, S- und U-Bhf. Schönhauser Allee

Betty F***
Mulackstraße 13, U-Bhf. Weinmeisterstraße

Ein eher schwul-lesbisches Publikum trifft sich im Scheunenviertel im schrillen

Tipsy Bear
Eberswalder Straße 21, U-Bhf. Eberswalder Straße

Betty F*.** Karaoke und Dragshows jenseits althergebrachter Klischees gibt's im **Tipsy Bear.** Hier zeigt auch das Drag-Kollektiv **Venus Boys** seine beliebten Shows, die mit alten Vorstellungen von Männlichkeit radikal brechen: Die Venus-Boys-Performer und -Performerinnen sind weiblich, femme, trans und/oder nicht binär.

Zu guter Letzt noch ein Bartipp für den Absacker: Doch bitte nicht alle auf einmal, denn der Laden ist winzig! Die kultige **Besenkammer** am Alexanderplatz begrüßt ihre Gäste mit Regenbogenfahne und hat – typisch Berlin – rund um die Uhr geöffnet.

Besenkammer
Rathausstraße 1, S- und U-Bhf. Alexanderplatz

Queeres Kino

Eine absolut feste Größe der Regenbogenkultur der Stadt ist die Filmreihe Mongay im Kino International. In dem schicken traditionsreichen DDR-Kinosaal wird allwöchentlich am Montag um 22 Uhr buntes Kino gefeiert. Gezeigt werden Filme aller Genres mit LGBTQ+-Bezug – und das bereits seit über 25 Jahren!

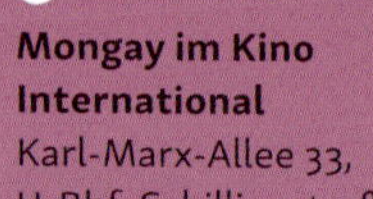

Mongay im Kino International
Karl-Marx-Allee 33, U-Bhf. Schillingstraße

INSIDERTIPP

Queer ausgehen

In allen Berliner Klubs sind LGBTQ+ generell willkommen, aber in diesen hier macht queeres Feiern besonders viel Spaß.

1

SCHWUZ

Urgestein der queeren Partyszene: Vom Klub bis zum Show-Event, von Techno bis Schlager – im Wohnzimmer der Berliner Szene ist für jeden was dabei.

Rollbergstraße 26, U-Bhf. Rathaus Neukölln

2

BERGHAIN

Der Techno-Tempel am Ostbahnhof war früher ein reiner Gay-Laden, das merkt man ihm heute immer noch an – wenn man denn reinkommt.

Am Wriezener Bahnhof, S-Bhf. Ostbahnhof

3

LOKSCHUPPEN

Donnerstags wird der Lokschuppen zu Chantals House of Shame, einer Party, die schon seit über 25 Jahren für gelebte Toleranz steht.

Revaler Straße 99, S- und U-Bhf. Warschauer Straße

4

CONNECTION

Klubepizentrum mit Industrialchic in Schöneberg vornehmlich für Männer, aber jeder ist willkommen. Mit großem Main Floor und Lounge.

Fuggerstraße 33, U-Bhf. Wittenbergplatz

5

//:ABOUT BLANK

Ein alternativer, queerfreundlicher Klub mit Garten am Rande von Friedrichshain: Regelmäßig gibt es LGBTQ+-Nächte, etwa die Partyreihe „Golosa“.

Markgrafendamm 24c, S-Bhf. Ostkreuz

DAS INTERVIEW

„Jeder soll nach seiner Façon …

… glücklich werden", hat Friedrich II. einst gesagt. Wie wird diese Toleranz in der Queerszene Berlins wirklich gelebt? Kai hat sich dort umgehört.

„Dennoch sagen viele Leute, mit denen ich gesprochen habe, dass auch in Berlin noch viel zu tun sei."

Was ist deiner Meinung nach das Besondere an Berlin, wenn es um die LGBTQ+-Szene geht?

KAI Ich habe den Eindruck, dass sich die Leute in Berlin wenig darum kümmern, was andere von ihnen denken. Oder anders gesagt: Hier lässt man jede und jeden einfach so sein, wie er oder sie sein will. Ganz allgemein tendieren die Menschen hier weniger dazu, queere Belange einschränken zu wollen. Natürlich muss immer wieder für queere Rechte gekämpft werden. Insgesamt aber ist man in Berlin der LGBTQ+-Community gegenüber sehr offen.

Register

Märkte

Shopping

Parks/Freizeit/Seen

Restaurants

Restaurants vegetarisch/ vegan

Sehenswürdigkeiten/ Architektur

Museen/Galerien Ausstellungen

Theater/Konzerthäuser/ Kinos

Bildnachweis

Alle Fotos André Götzmann, sowie

Cover: Mauritius images/Alamy Stock Photo/Adam Eastland

Mauritius images: Imagbroker: S. 54; Joko/Alamy/Alamy Stock Photos: S. 164; Werner Dietrich: S. 62; Zoonar GmbH/Alamy/Alamy Stock Photos: S. 19

Buschfeld, Ben/Tautes Heim: S. 85

Ortjohann, Moritz: S. 12; Deutsche Welle: S. 13

InterContinental Berlin: S. 68, 70

iStock: Terroa: Umschlag Rückseite l.; jotily: Umschlag Rückseite m.; TommL: Umschlag Rückseite r. und S. 34; Gestur Gislason: S. 86; Teka: S, 77: S. 89; Nikada: S. 93; Kerrick: S. 96; Jekaterina Sahmanova: S. 97; Itza Villavicencio Urbieta: S. 98; katatonia82: S. 99; cbies: S. 115; m-1975: S. 126; Eloi_Omella: S. 128; Igphotography: S. 135; hsvrs: S. 138; delectus: S. 163 u.; querbeet: S. 163 o.l.; imagemanufaktur: S. 163 o.r;

holgs: S. 101 o.r., 163 m.l., 176; anyaivanova: S. 170; holgs: S. 184

Klein, Mara/Blutwurstmanufaktur: S. 40

Larmann, Ralph/Dark Matter: S. 151

Lehner, Dario/Neuköllner Oper: S. 161

Muffel, Hilde/Silverfuture: S. 180

Otobong Nkanga, Footpitch, 1999. Photography, 90 × 120 cm. Courtesy die Künstlerin und Lisson Galerie/KW: S. 148

Good to know und Wissenswertes

Ein Besuch in Berlin ist immer ein unvergessliches Erlebnis. Wie ihr am besten von A nach B kommt und welche Besonderheiten die Stadt mitbringt, erfahrt ihr hier:

ANREISE VOM FLUGHAFEN
Am schnellsten gelangt ihr von Berlin Brandenburg (BER) in die Innenstadt mit der Bahn. Etwa viermal stündlich fahren Airport Express (FEX) und Regionalbahnen (RE7, RB14) vom Bahnhof „Flughafen BER – Terminal 1–2“ zum Berliner Hauptbahnhof. Die S-Bahnen S9 und S45 verkehren alle 20 Minuten. Die Fahrt bis zum Hauptbahnhof dauert ca. 30 bis 50 Minuten. Für Fahrten mit dem öffentlichen Nahverkehr wird ein BVG-Ticket für die Tarifzonen ABC benötigt. Mit dem Taxi kostet die Strecke bis zum Hauptbahnhof etwa 60 €.

BVG
www.bvg.de

ÖFFENTLICHE VERKEHRSMITTEL

Mit einem BVG-Fahrschein (Tarifzone AB: 3,20 €; ermäßigt 2 €) können in Berlin S-Bahnen, U-Bahnen, Busse, Trams und sogar Fähren genutzt werden. Mit einer 24-Stunden-Karte (AB 9,50 €, ermäßigt 6 €) können beliebig viele Fahrten unternommen werden innerhalb des Zeitraums eines vollen Tages. Fahrkarten bekommt man u. a. an Automaten auf den Bahnsteigen oder in den Fahrzeugen. Besonders interessant für Touris ist die Berlin WelcomeCard (25 €), mit der man Rabatte in über 180 Attraktionen erhält und den ÖPNV (öffentlichen Personennahverkehr) kostenlos nutzen kann.

Der Bus **Linie 100,** bringt euch an vielen Sightseeing-Punkten vorbei!

Berlin WelcomeCard
www.berlin-welcomecard.de

SPÄTNACHTS LIEBER MIT DEM TAXI

Manche Orte stuft die Polizei aktuell als kriminalitätsbelastet ein: Alexanderplatz, Leopoldplatz, Schöneberg-Nord (im Bereich Nollendorfplatz und Teile des Regenbogenkiezes), Görlitzer Park, Warschauer Brücke, Kottbusser Tor, Teile der Hermannstraße, Hermannplatz sowie Teile der Rigaer Straße. Wenn ihr spät unterwegs seid, solltet ihr in der Nähe dieser Plätze ein Taxi nehmen.

IMPRESSUM
Originalausgabe
Becker Joest Volk Verlag GmbH & Co. KG
Bahnhofsallee 5, 40721 Hilden, Deutschland

1. Auflage April 2024
ISBN 93-95453-300-8

BECKER
JOEST
VOLK
VERLAG

Text: Oliver Kiesow
Fotografie: André Götzmann
Kartographie: ©mapcreator.io/OpenStreetMap.org
Projektleitung: Christine Kluge
Redaktion, Lektorat: Janette Schroeder
Layout: eden & höflich, Hamburg
Satz: Büro 18, Friedberg (Bay.)
Bildbearbeitung: Markus Neis
Cover, Reinzeichnung: Justyna Schwertner
Korrektorat: Edelgard Prinz-Korte
Druck: Graspo CZ, a.s.

„Das andere Berlin“ ist das Buch zur Videoreihe der Deutschen Welle (DW), weltweit zu sehen auf YouTube unter DW Travel (www.youtube.com/@DWTravel) und Instagram (@dw_travel) sowie unter www.dw.com/dasandereberlin

Redaktion Deutsche Welle: Boris Claudi, Jochen Rosenkranz, Rolf Rische

In Lizenz der DW

Herzlichen Dank für die Genehmigung zur Abbildung der Fotos/Exponate:
KW Institute for Contemporary Art